マルセイユ・タロット教室
タロット・マスターをめざして

井上教子

Practice Book to
Master Tarot of Marseille
for Beginners

国書刊行会

大アルカナ

Major Arcana

魔術師

女教皇

女帝

皇帝

教皇

恋人

戦車

正義

隠者

運命の輪

力

吊された男

小アルカナ

Mainor Arcana

カップ

→⊱ カップの ACE ⊰←

→⊱ カップの 2 ⊰←

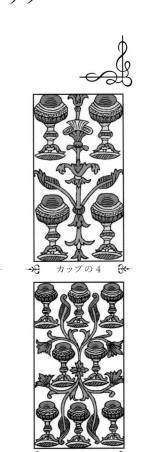

→⊱ カップの 3 ⊰←　　→⊱ カップの 4 ⊰←

→⊱ カップの 5 ⊰←

→⊱ カップの 6 ⊰←

→⊱ カップの 7 ⊰←　　→⊱ カップの 8 ⊰←　　→⊱ カップの 9 ⊰←

→⊱ カップの 10 ⊰←

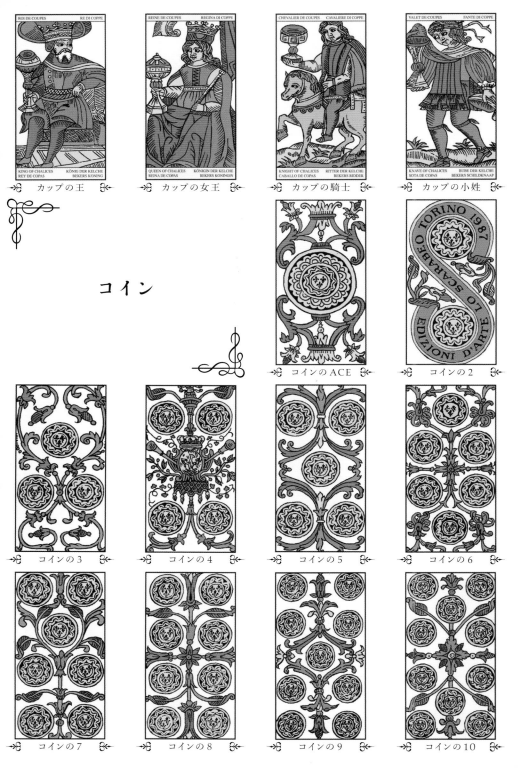

カップの王

カップの女王

カップの騎士

カップの小姓

コイン

コインのACE

コインの2

コインの3

コインの4

コインの5

コインの6

コインの7

コインの8

コインの9

コインの10

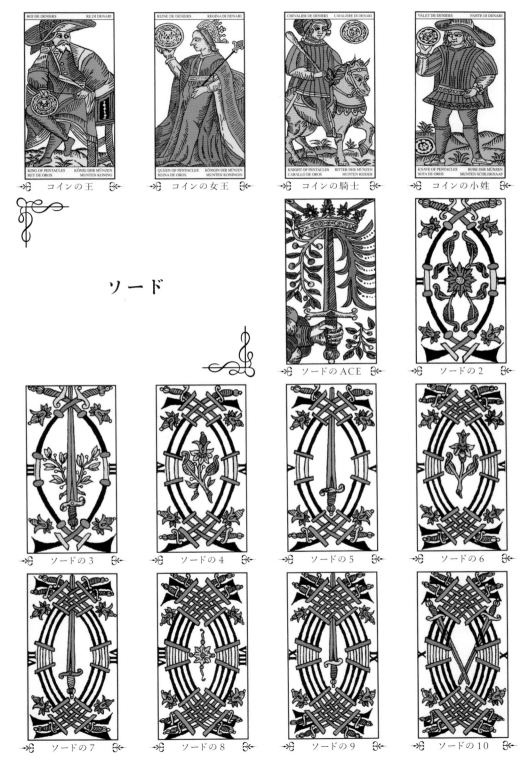

コインの王

コインの女王

コインの騎士

コインの小姓

ソード

ソードのACE

ソードの2

ソードの3

ソードの4

ソードの5

ソードの6

ソードの7

ソードの8

ソードの9

ソードの10

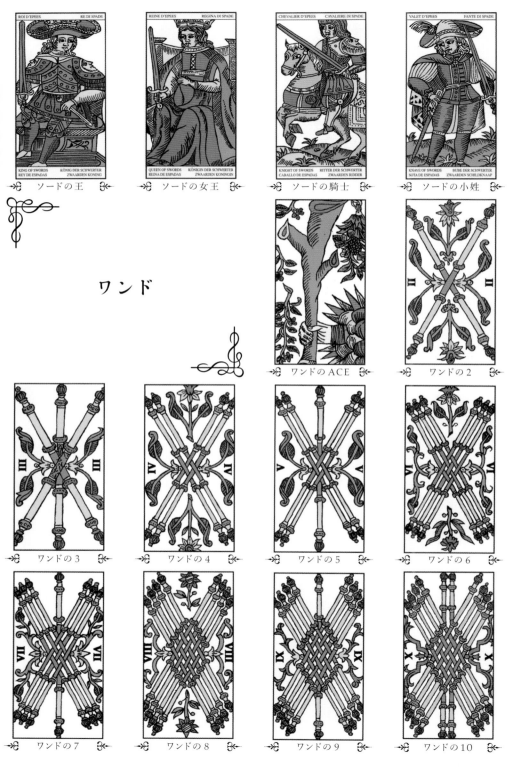

ソードの王　　　ソードの女王　　　ソードの騎士　　　ソードの小姓

ワンド

ワンドの ACE　　　ワンドの 2

ワンドの 3　　　ワンドの 4　　　ワンドの 5　　　ワンドの 6

ワンドの 7　　　ワンドの 8　　　ワンドの 9　　　ワンドの 10

ROI DE BATONS — RE DI BASTONI

KING OF WANDS — KÖNIG DER STÄBE
REY DE BASTOS — STAVEN KONING

ワンドの王

REINE DE BATONS — REGINA DI BASTONI

QUEEN OF WANDS — KÖNIGIN DER STÄBE
REINA DE BASTOS — STAVEN KONINGIN

ワンドの女王

CHEVALIER DE BATONS — CAVALIERE DI BASTONI

KNIGHT OF WANDS — RITTER DER STÄBE
CABALLO DE BASTOS — STAVEN RIDDER

ワンドの騎士

VALET DE BATONS — FANTE DI BASTONI

KNAVE OF WANDS — BUBE DER STÄBE
SOTA DE BASTOS — STAVEN SCHILDKNAAP

ワンドの小姓

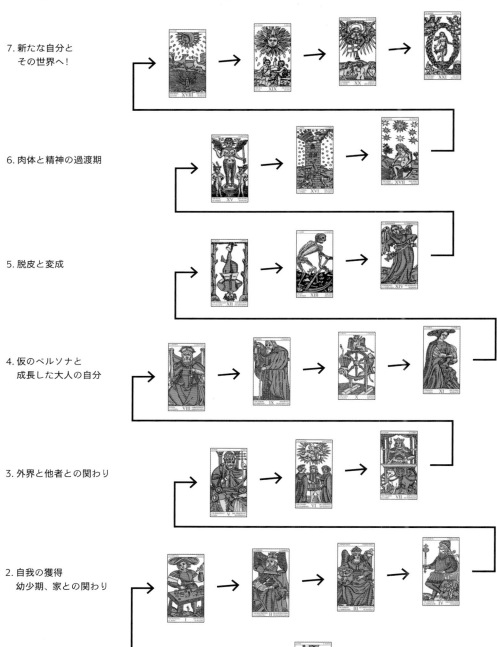

7. 新たな自分と
　　その世界へ!

6. 肉体と精神の過渡期

5. 脱皮と変成

4. 仮のペルソナと
　　成長した大人の自分

3. 外界と他者との関わり

2. 自我の獲得
　　幼少期、家との関わり

1. 旅立つ魂

はじめに

　マルセイユ・タロットは、私たちの魂を呼び覚ますための道具です。

　中近世のカードメイカーが魂を込めて作成したこれらのアルカナは、王侯貴族の圧力下で、たくましく生き抜いた商人や文化人たちの知恵の賜物です。私たちはみな、身体ひとつ与えられ、生まれ育った境遇がいかに劣悪であろうと、その境遇を乗り越え、最期まで生き抜かなければなりません。生きることに悩み、苦しみ、疲れたときに、あなたの「生」を肯定するメッセージを絵札から見出してください。あなたをしがらみから自由にする術、あなたがあなたを取り戻す術、ピンチをチャンスに変える術が見つかるでしょう。

　ヨーロッパ圏では「天動説」と「地動説」のせめぎあいの過渡期、「科学」が人間に影響を及ぼしはじめ、日本は鎖国から開国へ……世界が真実の夜明けを迎えようとしていた時代から、温められ続けてきたのがマルセイユ版なのです。

　78枚のアルカナの「トリセツ」、まずはお試しいただき、あなたにフィットする形にアレンジしてご使用ください。

はじめに

13　第1部　大アルカナ

この本の使い方

　本書は、ビギナー向けにタロット占術のノウハウを伝えるもので、いわば「タロット」の「取り扱い説明書＝トリセツ」です。「タロット」を構成する重要なパーツ、78枚のアルカナ（絵札）を1枚ずつ取り上げ、それぞれの絵柄が何を伝えるために描かれたものなのか、また実際に絵柄をどう読み解き、どう占うのかを順次説明する章立てになっています。

　また、本書で採用したのは、ウェイト版についでタロットのスタンダードとして名高いマルセイユ・タロットです（「マルセイユ版」と表記している部分もあります）。身近で手に入りやすく愛好家の間で人気の高い版を選び、各章の冒頭で3つのメイカーの絵札を古いものから新しいタイプへと並べていますので、メイカーごとに異なる絵柄の詳細を確認してください。サイズの比率も確認できるよう掲載しているページもあります。本書全体を通じて使用しているのは、イタリアのメイカー、ロ・スカラベオ社製「Tarot of Marseille」と、フランスのメイカー、JCフロノワ社製「Tarot de Marseille Jean Dodal」です（詳細は、8ページからの「主なマルセイユ・タロット」をご参照ください）。

　アルカナのタイトルは、各国のメイカーにもよりますが、本書では、日本語の次に「英語／フランス語／イタリア語」という形で列記しています。
　また、人名や地名は原語をイタリック体で記述し、その読みは原語の発音

通りにカタカナ表記とすることで統一しています。

本書は以下のような構成となっています。

第1部　大アルカナ

第1部は、全22章で、1章につき大アルカナ1枚について説明します。
各章は、下記4項目からなります。

1　絵柄の解説
2　1枚で解釈してみよう
3　読み解きレッスン Hop・Step・Jump
4　Trial と Answer & Point

1　絵柄の解説

　まず絵柄を確認しましょう。どのような意図を持って描かれたものなのか、伝統として受け継がれている基本事項をおさえましょう。「キーワードで絵柄チェック」の部分で、そのキーワードがそこに登場していることに納得がいくならチェックを入れてください。チェックがすべて入ったら次へ進みましょう。

2　1枚で解釈してみよう

　どんなケースでもどんな人にも用いることができる「最大公約数的な解釈」を取り上げています。そこから、相談として多い愛情、ビジネス、健康面などについてアドバイスを広げた「公倍数的な解釈」を紹介しています。心の持ち方や行動の指針となるアドバイスを、あなたもさらに派生させていきましょう。

3 読み解きレッスン Hop・Step・Jump

　各章で紹介したアルカナを主体とした、読み解きに挑戦します。「Hop・Step・Jump」と、段階を追って説明しています。また、初めはやさしい読み解きから、章を追うごとに難易度が上がり、読み解きの力がつくように構成されていますので、順番に読み進めてみてください。章ごとにテーマが設定されているので、苦手な項目を重点的に読むのもおすすめです。

4 Trial と Answer ＆ Point

　練習問題です。「トリセツ」を使ってここで占断の試運転をしてみましょう。

　あなたならどのように解答するか、トライすることがまず重要です。「絵柄のどこをどのように表現し、どのように相談者に伝え、役立ててもらえるのか」という視点で、問いに対する解答例を上げましたが、これはあくまでも一例です。ビギナーは本書の「まね」から始めて、その答えにたどりつく道筋や絵柄、すなわち自分の解答の根拠を伝えられることを目指しましょう。

　途中で出てくる「Question!」では、ビギナーが迷いやすい内容に関して取り上げています。

第2部　小アルカナ

　第2部は、小アルカナ40枚の数札と16枚の人物札、計56枚をスートごとに説明しています。下記5章からなります。

第1章　概略
第2章　数札
第3章　人物札
第4章　キャスティングとシグニフィケイター
第5章　小アルカナを使った実践鑑定

4、5章は、ここまで読み進めた皆さんへのサービス・レクチャーです。

人物札のみで人間模様を解析しようという試みと、大小のアルカナの使い分け方の秘伝です。

「べき」という表現について

本書の全編を通して、たとえば「Aさんが今取るべき行動は?」というような「〜べき」という表現を使用していますが、これらの「〜べき」は、決して相談者を「〜ねばならない」心境に追いやるためのものではありません。あくまでも「タロット目線」からのお勧めです。それをいかようにもアレンジして相談者の役に立てるようにするのが占師の役割だと考えます。

占断について

本書で取り上げる多くの鑑定例、相談と結果に至る流れは、実際の鑑定を参考に、オリジナルの相談を作成しています。鑑定は通常、卜術のタロットのみならず、生年月日を使う命術も併用して、占断に至ります。皆さんも、タロットとともに命術・相術も学び、2つ以上の術を併用することによって、タロットの効果を最大限に引き上げてください。以下、占術の三分野、命術、卜術、相術についてまとめました。

【占術の三分野、命術、卜術、相術について】

命術(めいじゅつ)—生年月日を使用。西洋占星術、四柱推命学、紫微斗数、
　　　　　　　　　九星、算命学など

卜術(ぼくじゅつ)—道具を使用。タロット、ルーン、易、奇門遁甲など

相術(そうじゅつ)—状態を見る。手相、人相、家相、風水、姓名判断など

主なマルセイユ・タロット

　本書で取り上げるマルセイユ・タロットについて簡単に説明します（イタリック体は原語名称。読みは原語の発音に準じています）。

　現存する最古のマルセイユ版が、パリの彫刻家でもありカードメイカーでもあった**ジャン・ノブレ**（*Jean Noblet*、ジーン・ノブレとも）の作品です。1659年の原版がフランス国立図書館に保存されています。このノブレだけが彫刻家とメイカー（販売元）を兼任していた唯一の存在であるとも伝わっています。

　同国立図書館には推定1643-1664年の作品、マルセイユ版の亜種と見なされている、パリの**ジャック・ヴィヴル**（*Jacques Viéville*）が作成したタロットも保管されています。J・ノブレがパリ市街地で上流階級の顧客を相手にしていたのに対して、パリの片田舎で石工の親方業を営んでいたというJ・ヴィヴルの風変わりな作品です。スタンダードなデザインとは一線を画する錬金術的な図像が特徴の大アルカナについて、本書では左右もしくは上下が反転している「ヴィヴル版」の一部を、各章の冒頭で紹介しています。

　この「ジャン」と「ジャック」はメイカーの実名ではなく、親方が代々受け継ぐメイカー名です。ちなみに「ジャン・ジャック（*Jean-Jacques*）」というミドルネームがフランスでは非常に多く見られ、古くからある、フランス人を表す伝統的な名前であるとのこと。マルセイユ・タロットのある程度一貫したデザインが1600年代中期には定着していることを見るにつけ、このタ

ロットの起源や発祥についてはかなり古い時代にまでさかのぼる可能性が考えられます。ジャック親方の一族についてはユダヤ系の移民として13世紀頃フランスに流入してきたという逸話もメイカーサイトに紹介されています。目下、海外の研究家の間で解読が進んでおり今後の動向から目が離せないところでもあります。

マルセイユ版については、唯一無二のスタイルが確立されているわけではなく、数種のバリエーションが認められています。最古の「ノブレ版」においても、たとえば「皇帝」「死」の顔の向きが、スタンダードとは逆向きになっており、古い絵柄が伝統として必ず踏襲されているわけでもありません。

1709年、フランス、ディジョンの**ピエール・マドニエ**（*Pierre Madenié*）による作品では、「魔術師」のヘアスタイルが巻き髪、「恋」のキューピッドは赤子の表情をした天使のようで、「月」に描かれた顔は横向きになっています。このタイプのメイカーに、**ジャン＝ピエール・ローラン**（*Jean-Pierre Laurent* フランス・ベルフォート、1735年）、**フランソワ・チョッソン**（*François Chosson* フランス・マルセイユ、1736年）、**クロード・バーデル**（*Claude Burdel* スイス、1751年）などがいます。「バーデル版」はマルセイユ・タロットの復刻に当たってひんぱんにモデルとして参考にされており、1751年の原版は失われていますが、1850年の復刻版がフランス国立図書館に保存されています。

一方で、フランス、リヨンの1701–1715年の**ジャン・ドダル**（*Jean Dodal*）の作品では、「魔術師」はストレートヘア、「恋人」のキューピッドは目隠しをしていて表情がわからず、「月」は正面を向いています。

1718年、スイスの**フランソワ・エリ**（*François Heri*）による作品では、これまでの作家が一貫して、「愚者」をはじめとする多くの人物画の頭部が切れた状態で版画を作成しているなかで、帽子も含め頭部全体を版画枠の中におさめるようにして絵札を完成させています。描かれている人物の表情もアル

カナ全体を通して柔和なのが特徴的です。

　推定1760年のフランス、マルセイユの**ニコラ・コンヴェル**（*Nicolas Conver*）による作品は、これまで各地で生み出されてきたタロットの集大成として刊行当初ブームになったことが伝えられています。以来この系統のタロットが「マルセイユ版」と呼ばれるようになったという革命的なデッキです。コンヴェル版は、現在は「レジェンド」とみなされ、厚いファン層による支持を得ています。

　1800年代に入って、フランスの**B=P・グリモー**（*Baptiste-Paul Grimaud*）がコンヴェル版をモデルに、青を基調としたマルセイユ版、通称「グリモー版」を創作。こちらも長期にわたりファンを獲得し続けています。グリモー社は世界的なカードメイカーとして今日も健在です。

　1804年、スイスの**ジャック・ロシュ**（*Jacques Roche* もしくは *Jacques Rochias*）によるマルセイユ版は「吊された男」が横向きで描かれている異色作で、「**スイス・マルセイユ版**」の名で復刻版が市場で販売されています。

　最後にマルセイユ版の亜種について取り上げます。スイス国立博物館所蔵の推定1700–1750年、フランソワ・エリの作品として展示されている「ブザンソン版」（Besançon Tarot）では、「女教皇」「法王」の2枚がそれぞれローマ神話のジュピターとジュノー（ギリシア神話のゼウスとヘラ）になっている点が最大の特徴です。当時のキリスト教会が、札に描かれている司祭の姿が教会の権威を冒とくするものだとし、遊戯札に対して排除命令を出したため、メイカーは絵柄にさまざまな創意工夫をほどこすようになったのです。

　「ブザンソン版」では、「魔術師」はストレートヘア、「恋」の天使は目隠しをしたキューピッド、「月」は正面向きなど、「ドダル版」系統の絵柄になっています。本書では推定1700年代中期の「*Besançon Tarot*」の一部を各章の冒頭で紹介しています。

　本書全体に共通する図版として採用したのが、クロード・バーデル作品の復刻版、イタリアのロ・スカラベオ社から「*Tarot of Marseille*」として刊行されているものです。小アルカナについても正位置・逆位置の見分けがしやすくなっている点もおすすめです。

　本書の展開図に使用したのは、ジャン・ドダル作品の復刻版「ドダル版」です。熱心なメイカーによる絵柄の研究が進んでいるもので、実用性においても優れた作品です。なお、第1部の「ノブレ版」も同じメイカーの復刻版を掲載しています。

───── おさえておきたいマルセイユ版の伝統 ─────

構図

　どんな絵でも、描かれている人物の顔や身体の向きは非常に重要です。何がどういった向きで描かれているかに、常にメッセージが込められています。マルセイユ版には、**左は過去、右は未来を表し**、**まっすぐ前は現在を見ている**、という伝統があります。人物の「向き」には、問題解決のヒントがあります。一方で、左を向いているアルカナ「皇帝」が出ればすべて話を「過去」に集約してしまうとなるのも問題で、「向き」にとらわれすぎない解釈法が有効な場合もあります。

色

　本書では、近世フランスにおける彫刻家のギルドから語り継がれている象徴体系を基本とする「ノブレ版」に準じて解説を進めています。

白　ジャック親方の涙、カタルシス、悟り
黒　彼を生んだ大地、腐葉土、鉱物、処女
赤　彼が流した血、傷、苦痛
青　彼が受けた打撃、心のあざ、無意識

黄色　忍耐、勇気、努力
緑　希望、自然、変化
ライトブルー　聖母マリアの聖なる青、インカネーション
肌色　人のあり方、あるがままの私たち自身

　「ノブレ版」が作られた1650年ごろの紙は、今ではすっかり黄色く変色していますが、カードの背景は白く、顔や手は肌色と白とが塗り分けられていたと考えられています。

　また異なる体系が採用されているマルセイユ版の解説書もあり、絶対的な色彩の体系というものはありません。「あたたかなものは赤みを帯び、冷たいものは青く、自然界は緑色だが、時の流れにより色あせ、黄色味を帯びる」というギルドの言い伝えを参考にしてください。

第1部 大アルカナ

MAJOR ARCANA

第1章 魔術師

THE MAGICIAN ／ LE BATELEUR ／ IL BAGATTO

1659年　J・ノブレ版　　　1701年　J・ドダル版　　　ロ・スカラベオ社の
　　　　　　　　　　　　　　　　　　　　　　　　　　　C・バーデル版

［絵柄のポイント］

知恵者が手品を披露している。卓上には道具が充実し用意万全。

◆◆◆

**22枚の大アルカナが物語るのは、ひとりの人間がどこから来てど
こへ行くのかという、自分探しの旅についてです。「魔術師」は旅
するひとりの人間の象徴絵図です。**

───── 絵柄の解説 ─────

　大きなつば広帽子をかぶった魔術師が卓上でマジックショーを披露しているようです。両手を動かしながら顔を左側に向けているのが特徴的で、腰元まである卓上の下には男性らしく両足を大きく広げている姿が見えます。

　中世ヨーロッパにおいて魔術師といえば、王侯貴族から一般大衆にまで浸透した存在で、街角には手品師や大道芸人がいて、宮廷では占星術師が職を得ていたものです。

　最古の「ノブレ版」では、魔術師の左手にはドングリ、すなわちドルイドの神木である樫（かし）の樹のタネが見られ、この魔術師がドルイドの英知を授かっていることがうかがえます。英知とは広い見識と深遠な思考に及びうる賢さ、すぐれた知恵のこと。この魔術師は、英知を駆使して「**神業の芸当**」を披露できる者なのです。**ことば巧み**で**器用**な、要領のよい人物でもあるでしょう。

　魔術師の卓上を見れば、カップ、ナイフ、サイコロ、コインが描かれています。彼は**道具**を操る存在でもあることに注目しましょう。大道芸人たちは日々生きる糧を得るため、絶え間なく創意工夫を凝らす日々だったことでしょう。

　魔術師の身体はすべて右向き、顔は左向きで描かれています。

　ただ一直線に未来に向かって進んでいく存在ではなく、過去も振り返る魔術師からは、単純ではない思考がうかがえます。魔術師の肉体と精神とが相反している、つまり彼の行動と思考は一致しておらず、彼の姿は他者を**あざむく**ときの典型でもあります。とは言え、そもそも人間は社会的な生き物で、**本音**と**建前**を使い分けながら生きています。腹芸、企て、論理のすり替えは茶飯事です。動物にはないその人知ゆえ、人間誰でもこすっからい一面を持つものです。

　この特質が裏目に出れば、ペテン師、詐欺師と化し、強く出れば犯罪者に

もなりうる要注意人物です。人を笑わせるはずの大道芸人ですが、誰も喜ぶ
人がいないような悪事を働くことになりかねません。

☞キーワードで絵柄チェック

□**神業の芸当**

□**ことば巧み**

□**器用**

□**道具**

□**あざむく**

□**本音と建て前**

＊不明なものは、「絵柄の解説」の太字に戻って確認しましょう。

１枚で解釈してみよう

最大公約数的な解釈から公倍数的な解釈へ

──ピンチをチャンスに変える切り札として──

頭を使い、あらゆるスキルを発動させて、あざといくらいに要領よくいきましょう。より専門的な知識を取り入れるなど、学びとスキルアップも不可欠です。

ケース別　キーワードから逆位置まで

愛のカギ

策を練る、メールや電話を有効活用、異性を感じさせない振る舞い

ビジネス、スタディの指針

連絡・伝達をテキパキと、新規開拓、バージョンアップ、出し抜く

健康の幸運Tips

臨機応変であれ、症状や病理について学ぶ、とりあえずの治療や検査、すき間時間で健康管理、口コミはほどほどに信用

今後の成り行き

学業・仕事の充実、作業に取りかかる、コンタクトが取れる、操作する

逆位置ではここに注意

ペテン師、詐欺、悪事を働く

✳読み解きレッスン Hop・Step・Jump✳

「基本の "き" は一枚引き」

Hop 　アルカナ1枚で占うというのは一見単純な作業ですが、大アルカナの1枚の奥行をあなどっていては、タロットを使いこなすレベルにまでなかなか進めません。1枚のアルカナをていねいに読み解く練習から始めましょう。

　まずおさえておきたいことが、「タロット占いはアルカナ1枚につき一問一答」。1枚のアルカナに何を問うかは自由ですが、あれもこれも問うのはタブーです。何を問いたいのか、1枚の札につきひとつの問いを決めてください。どんなに枚数が増えて複数の札を展開することになっても、このルールをおざなりにしないようにしましょう。

Step 　そして最も重要なのが**占的**です。何を占いたいのか、質問の的をしぼること、これを「占的を立てる」と言います。

　必ずはっきりさせたいのが「誰の（Who）」「いつ（When）」のことを占うのか、2つのW＝2Wです。「明日のあなた」を占うのと「あなたの明日」を占うのとでは、「1枚のアルカナ」をどう読み解くか、表現が変わってくるのです。

　たとえば「明日のあなた」を占うことになったとして、1枚引いた札がアルカナ「魔術師」だった場合、あなた自身を表す札＝「魔術師」です。あなたが「魔術師」のようになるという読み解きになります。

　他方、「あなたの明日」を占うことになったとして、1枚引いた札がアルカナ「魔術師」だった場合、明日という日を表す札＝「魔術師」です。これ

18

を明日のイメージとして、物語の表紙絵のようにとらえることになります。ただ、ビギナーにはまだ難しい面もありますので、まずはアルカナから人の状態や人間模様を読み取る練習から入っていきましょう。

Jump 次に、占的には「**何のために（For What）**」という意味合いもあります。あなたは何のために占うのでしょうか。その1枚をくり出す目的は何ですか。目的なく占うということは、解釈の迷いに直結しがちで、あまりおすすめできません。

「一回の展開」につきひとつの目的、もしくは「占いのテーマ」を明確にして、それを先の2Wにプラスしてください。

↓

「2W+ For What（もしくは占いのテーマ）」この「三本柱」をしっかり打ち立ててから、具体的な占断に至るよう習慣づけましょう。

これら一連の作業が「占的を立てる」ということになります。

また本章ではまだ触れませんが、**カードの並びを「展開法（スプレッド/spread）」**と言います。展開法には様々なパターンがあります。複数のタロットカードを並べて、1枚1枚読み解きながら結論をまとめるあげる作業ができるようになるまで、ある程度時間も鍛錬も必要になってきます。

この章では「占的の立て方」について、問題に取り組んでみましょう。

Trial

Trial 1……次の相談を読み、質問に答えましょう。

Aさん（女性、16歳、高校生）から
同じクラスで、席替えで席が近くなり、時々話をするようになったB君に

片想い中です。バレンタインには告白したいと思っています。好きなアーティストがいっしょなので、話が弾むことがありますが、それ以外のプライベートな話はしたことがありません。見た限りではB君に彼女などいないようですが、私のことをどう思っているでしょうか？　おつき合いできるでしょうか？　もし叶ったとして、つき合いだしたら私たち2人はうまくいくでしょうか？

Q1……Aさんのために、タロットの一枚引きをするとしたら、あなたならどのような質問を考えてタロットをくり出しますか？　占的を立ててみてください。正解はひとつではありません。

Q2……立てたそれぞれの占的に対して、一枚引きで「魔術師」が正位置で出た場合の読み解きに挑戦してみましょう。

Answer & Point

Q1……解答例

1　「Aさんは近い将来、B君とおつき合いできるでしょうか?」
2　「B君はAさんのことを現在どう思っていますか?」
3　「B君は今後Aさんを好きになりますか?」
4　「Aさんが今後B君とおつき合いできるようになるには、どうすればいいでしょうか?」
5　「Aさんの片想いはバレンタインに実りますか?」

Q1……解説

　まず最重要事項の占的「誰の（Who）」。1～5の「主語」に注目しましょう。Aさんにもβ君にもなりえますし、「Aさんの片想い」という人間以外の事柄にすることもできます。最初のうちは「主語＝相談者と相談に登場する人たち」にしたほうが解釈しやすいでしょう。

　上記の5つの占的は、「誰の（Who）」、そして、下線部「いつ（When）」のことを知りたいのか」の2Wはクリアできています。さらに「4」は、波線部分が「占う目的（For What）」にもなっており、その点でポイントが高い解答になります。

　注意事項として、初心者が立てやすい下記のタイプの質問はNGです。

　×「Aさんがβ君とつき合いだしたら、2人の交際はうまくいくでしょうか?」

　始まっていないことについて、それが始まったと仮定した「タラレバ」を質問に立てないようにします。

　最低限、すでに着手しているか、着手する予定があることの成り行きを問いましょう。実際にまだ「する」のかどうかもわからない事柄なのに、「～したらどうなるのか」という質問を立てるのは、明らかに占的を誤っています。そのようなときのタロットの出目は、「タラレバ」の未来を物語るものではなく、「主体がそれをするのかしないのか」を如実に伝えるものとなり、その心構えができていないビギナーは、より混乱をきたすものとなるでしょう。

　質問の作り方も重要です。「答えやすい」シンプルな問いかけを心がけましょう。

　Q1の解答例の質問は、次のように変更すると、よりいいでしょう。

　1「おつき合いできるでしょうか?」を「友達以上になれますか?」「一対一の交際はできますか?」など、より具体的に。

　4「どうすればいいでしょうか?」よりも「次に取るべき行動は?」「アプローチの方法は?」などがベターです。また、下記のように否定文で質問は立てないようにしましょう。

　✕「B君は今後Aさんを好きにならないですか?」

　✕「AさんがB君にチョコを渡しても問題ありませんか?」

　タロット一枚引きでは1枚の札に答えを求めますので、「YES」なのか「NO」なのか判別が難しくなってしまうことがあり、気をつけたいところです。

　今回のケースで実際に、1〜5のどの占的を採用するかは、Aさんとのコミュニケーション次第です。相談者のほうから「これを占って!」と明確に求められる場合もありますが、通常はそういった要求をそのまま占的にすることはありません。そして一件の相談につき、観点を変え、すなわち占的を変えて何度かタロットを展開するのが常です。

Q2……解答例＆解説

　1「Aさんは近い将来、B君とおつき合いできるでしょうか?」の答え

　クラスメイトとして会話が活発になりそうですが、男女交際に進んでいく気配はないようです。

　魔術師「今後の成り行き」(17ページ)のキーワードは、**学業・仕事の充実、作業に取りかかる、コンタクトが取れる、操作する**。次の、2〜5の質問の答えと解説を確認してみてください。

　2「B君はAさんのことを現在どう思っていますか?」の答え

　B君はAさんのことを「話し上手」「頭の回転が早い」「要領がよい」などと感じていそうです。

　B君の思いの中で、Aさん＝「魔術師」という定式が成り立ちます。

　3「B君は今後Aさんを好きになりますか?」の答え
　クラスメイトとして好意を寄せるようなことはある、考え方が似ていて話が合うようになるかもしれません。

　波線部に対する答え＝「魔術師」です。好きになるかどうかを絵柄から読み取ってください。
　少々人為的なニュアンスもうかがえますから、まだ相手に「意識的に合わせている」レベルで、表面的な「おトモダチ」である可能性があります。
　「魔術師」が出ている意味は何なのか、この札にしかない特徴でもって、相談者の質問に答えることに専念しましょう。

Question!

魔術師は過去、つまりこれまでの経緯も見ているから、Aさんがこれまでがんばってきたことも感じられる。過去があるから今があり、今がんばることでこれから先、B君がAさんを本当に好きになる可能性はあるのかな?

その通り、このように、読み解けるあらゆる可能性を伝えることも大切です。あくまでも当面の変化として「交際には至らない」と伝えるだけではなく、他にも読み解ける可能性があるなら伝えて、その時点での最善策を導き出していきましょう。

4「Aさんが今後B君とおつき合いできるようになるには、どうすればいいでしょうか?」の答え
好きなアーティスト以外の話をしたり、彼の友だちとも会話をしてみましょう。

波線部「どうすればいいか」への対策・アプローチ法＝「魔術師」です。
魔術師「愛のカギ」は、**策を練る、メールや電話を有効活用、異性を感じさせない振る舞い**。

これらを元に、相談者とともに方策、アプローチ法を練りましょう。ここでは「プライベートな話はしたことがありません」というAさんに、アーティスト以外の音楽や趣味にも話を広げたり、彼の友だちとも会話をして、何か彼が食いついてくるような話題作りをすすめます。

しかし、この「どうすればいいでしょうか?」あまり上手な占的の立て方とは言えず、多くの方がつまずくのを見てきました。
タロット占断においては、「取るべき行動は?」「どのように接するか?」「心の持ち方は?」など、より具体的な問い方がベターでしょう。慣れてくれば、そういった具体策を問うことが当たり前になりますが、はじめの一歩の段階では、「どうすればいいの?」という問いのことばに、より具体的なワンポイントを注入しています。

5「Aさんの片想いはバレンタインに実りますか?」の答え
クラスメイトとしては仲よくなれそうですが、恋が実るのはまだでしょう。

波線部に対する答え＝「魔術師」です。実るかどうかを絵柄から答えることになります。絵柄は大道芸人のイメージです。「今後の成り行き」は**学業・仕事の充実、作業に取りかかる、コンタクトが取れる、操作する。キーワードはことば巧み、器用、道具など**。

　恋をスタートさせようと手を尽くす相談者の姿は見出せますが、男女交際が始まるかと問われると微妙です。

　バレンタインに実るのかと問われれば、「まだだろう」とするのが適切でしょう。その途上にはあり、教室内でのクラスメイトとしての関係性は確立できるなど別の実りが出ていることもしっかり伝え、バレンタイン以降の対策を占断していきたいところです。

Question!

一般的に「魔術師」は「物事の始まり」を示す札だって言われているけど、「交際が始まる」という解釈はできないの？

解釈できないことはありませんが、「魔術師」という1枚の札に、「会話が弾んで交際がスタートする」というドラマを読み取るような習慣をつけてしまうと、すべての札についていろいろなドラマを読み取ってしまい迷ってしまうことになります。
ビギナーはまず占的をしぼった問いに答える道具として、1枚のタロットを扱うようにしてみてください。

　今回のケースでは、プライベートな会話をまだしたことがないというAさんとB君です。「交際がはじまる」という流れの前兆として、そのきっかけや脈絡を読み取るつもりになってみるのもよいと思います。

第2章 女教皇

THE HIGH PRIESTESS ／ LA PAPESSE ／ LA PAPESSA

1700年代中期　ブザンソン版　　1701年　J・ドダル版　　ロ・スカラベオ社の
C・バーデル版

［絵柄のポイント］
女性の神性や聖性が伝わる図像。
書物を手にして鎮座する女教皇が斜め左向きに描かれている。

　古いヨーロッパ社会で子育ては乳母の役割でした。どのような家庭
でどのようにしつけられるかが、人格形成の土台となります。「女
教皇」は、その後の人生を左右する幼少期のあるべき環境の象徴図
でもあります。

── 絵柄の解説 ──

　「ドダル版」では、神殿に仕える女性の司祭が描かれており、その背後に覆いのようなヴェールが見られます。キリスト教の伝統に則って見れば、異色の図像とされてきた札です。中近世フランス、中でもパリを中心とする南西部、またイタリア北部周辺には、ユダヤ系移民によるコミュニティが多数形成されていました（移民として区別されながらも特殊な技術を持つため同時に保護されてきたそのコミュニティから、石工の親方ジャックが台頭したという説もあります）。たとえばパリの小さなユダヤ系移民街では大道芸人のパフォーマンスもあれば、女祭司が仕える寺院もあったという、この二者が共存していたからこそ、「魔術師」の次に「女教皇」が登場しているのかもしれません。

　「女教皇」はユダヤ神秘思想の「カバラの花嫁」とよく結びつけられてきました。さかのぼれば、古代バビロニア（現イラク）の神殿に実在していた高位の女祭司に、この絵柄の原型を見いだせるかもしれません。彼女たちは「神の花嫁」と呼ばれ、戦士や世継ぎのない者の求めに応じるいわゆる「神殿娼婦」でもありました。厳格な養子法に則って子を産み、正妻に取って代わったり、子どもの乳母として働く者もいたのです。

　女教皇はどの版でも鎮座し、ひざの上に書物を広げ、動きがなくおごそかな印象です。背後のヴェールがまたいかめしくも豪華で、女教皇の存在感を際立たせています。特殊な役割を担う彼女のヴェールは、秘められた事柄・神秘性の象徴でもあり、私たちがいる俗世間とは真逆の世界、完全なる聖域にこの女教皇は属しているのです。**神聖**にして**神秘的**かつ**高潔**な存在、それがこの女教皇です。

　彼女が手にしている書物は、「アカシックレコード」「秘密教義」だとも言われてきました。これは「全人類のための教え」で、年齢、性別、肌の色を問わず、人にとって大切な事柄が網羅されている普遍的であるはずのものです。これを伝授することが女教皇の最大の役割であり、彼女こそが**宇宙の律法書**なのです。

　スチュアート・カプラン[1]は「女教皇」のキーワードに「Comon sense（常識）」を加えています。大切なことは当たり前の中にあるという一例でしょう。このキーワードには、国や宗派によらず人間として求められるあるべき姿が見てとれます。

　女教皇は全身が左方を向いています。彼女は過去、すなわち**古きよき伝統**の化身だとも言えるでしょう。
　ホドロフスキー[2]によれば、彼女は去勢に至るほど高潔で時に不吉な存在です。極端な状態になれば、冷酷無情に我が子にトラウマを負わせる、男性と決して交わらない、潔癖症、心の病へと通じ、生涯をカゴの中の鳥で過ごすことでしょう。

[1] **スチュアート・カプラン**（Stuart R. Kaplan　1932年-2021年）アメリカ最大のタロットメイカー、U.S.Games社CEO。タロット百科事典 *The Encyclopedia of Tarot* シリーズ（全4巻）などを刊行している世界随一のタロット研究家。
[2] **アレハンドロ・ホドロフスキー**（Alejandro Jodorowsky Prullansky　1929年-）チリ出身の映画監督、タロット研究家。*La Voie du Tarot*（英題 *The Way of Tarot*)」を著す。

☞キーワードで絵柄チェック

□神聖

□神秘

□高潔

□宇宙の律法書

□古きよき伝統

＊不明なものは、「絵柄の解説」の太字に戻って確認しましょう。

1 枚 で 解 釈 し て み よ う

最大公約数的な解釈から公倍数的な解釈へ

┌─**ピンチをチャンスに変える切り札として**─────┐

古きよきもの、言い伝えや伝統的な教えにカギがあります。年長者や神
仏を敬う精神も持ち合わせたいところです。適度な緊張感を大切に、清
貧を貫きましょう。

ケース別　キーワードから逆位置まで

愛のカギ

距離を置く、一線を越えない、見抜く、プラトニックな関係、結婚を前
提にする、美しさよりも清潔さ

ビジネス、スタディの指針

厳格に進める、何があっても冷静に、鋭い女性の視点、ダブルチェック、
神社仏閣

健康の幸運Tips

繊細かつ真剣な管理、精密検査、神経系、メンタルケア、月の周期

今後の成り行き

静寂の中で緊張感が高まる、神経質な人・母・女性との関わり、薄々感
じていることが現実に

逆位置ではここに注意

氷のような女性、潔癖症、心の病、トラウマ、カゴの中の鳥

読み解きレッスン Hop・Step・Jump

ﾄ術、切り札、「For What」について

Hop　タロットは占いの中では、道具を使用してその出目（展開されたタロットの絵柄）で占うﾄ術に属しています。ﾄ術の歴史は紀元前の中国にさかのぼります。当初は獣骨を用いて、「神の意志」が肯定なのか否定なのかを問うものでした。古代中国の人々は天候、災害、収穫高、健康、祭事、狩猟、軍事などの可否を「帝」と呼ばれる神に問うていたのです

　この流れをくむタロットですから、誰のどんな相談であれ、占的としてまずYESかNOか、「伸るか反るか」という方向・指針、広げて解釈すれば心構えや対応策に焦点を当てることをおすすめします。

　伝統的に、重要な「アドバイスカード」は「**切り札**」と呼ばれています。また、現状打開のためのカギが暗示されている絵札は「**キーカード**」とも呼ばれてきました。まずは一枚引きで「切り札」を使いこなせるように目指しましょう。

Step　第1章のTrial1、Aさん（女性、16歳）からの相談を振り返ってみましょう。

　同じクラスのB君に片想い中です。バレンタインに告白したいと思っています。好きなアーティストの話が弾むことがありますが、それ以外のプライベートな話はしたことがありません。

　ではここで、Aさんが「告白したいが、自信がない。でも想いが日々強まるばかり……可能性があるなら告白したいのですが」と相談してきたとしましょう。

「Aさんは今、告白をするべきか否か?」と、YESかNOかを問う占的を立てて占ってみたいところですが、第1章でお伝えした、占的に必要な「三本柱」を思い出してください。「誰の」はAさん、「いつ」は今、「何のために(For what)」に当たる占いの目的は何なのでしょう?

たとえばAさんには「告白はしたいが、それによって今の会話が弾むクラスメイトとしての関係がこわれるなら、やめておきたい」という思いがあることが伝えられている場合などは「**今現在の良好な関係をこわさず、維持するために**」という**目的**が明確になります。

この目的に導くためのアドバイスを、私たちはアルカナからメッセージとして受け止めるのだという心構えも**大変重要**です。

 次の占的で、アドバイスを導き出してみましょう。

「現在の良好な関係をこわさず、維持するために」B君に対してAさんが **今取るべき行動は?**

タロットは絵柄で、文字ではありません。アルカナの絵、柄、色彩、イメージにAさんが取るべき行動を見出しましょう。

質問を立てるときは、案件がどんなものであれ次の形が有効です。

「**2W(誰の・いつ）取るべき行動は?**」

たとえばアルカナ「女教皇」は、神殿に仕える女性司祭長がイスに腰かけ、書物を読んでいますから、「**動くな、静観せよ**」というメッセージを読み取ることができます。Aさんには「**今は告白の時ではないようです**」と伝えることができます。

高度な霊性を備えた高潔な聖職者が描かれている札でもありますから、「**浮わついた軽い告白と受け取られないように、今いちどAさんが自分の気持ちについて、なぜ、どうしてなのかなど見つめ直し、その想いを彼に伝え**

ては」という話もできるでしょう。

　また、厳格な導き手、厳しい女性の暗示もある札ですから「**相手のことを冷静に観察する、または、今はただ想像しているだけの相手の本当の姿を知る必要がある**」と読み取る人もいるでしょう。相談者のシチュエーションに応じて、キーワードも参考に占断を絞っていきましょう。

　タロット占術は、絵柄が最大のポイントです。あなたが読み取るのは、ことばではないことを忘れないでください。

Trial

Trial 2……次の相談を読み、質問に答えましょう。

Bさん（男性、18歳、高校生）からの相談です。

夏休みに入って、ファミレスでアルバイトを始めて2週間になります。仲間もできてバイト自体は楽しいのですが、水をこぼしたり食器を割ったりとミスが多いのです。昨日は注文を取り違えたうえに、コーヒーをこぼして、お客の服を汚してしまいました。店長から次にミスをしたらやめてもらうと言われました。かなり店長の当たりがきつく、このまま続けられるか不安です。

Q……「Bさんは今ここでアルバイトをやめるべきか否か、Bさんを含めた周りのみんなのために取るべき行動は?」という占的に対し、出目が「女教皇」正位置だった場合、あなたはBさんにどんなアドバイスをしますか?　図像が伝えること＝図像が行っていることを読み解き、行動の指針や心構えを伝えてください。

Answer & Point

Q……解答例

　まず、アルバイトとは言え、仕事は仕事とわきまえ、オンとオフの切り替えをしっかりすること。次に、他の人より多少作業時間がかかってしまっても、ミスをしないことを優先しましょう。お盆にはお墓参りにでも行って、親せきの年長者の人たちとも交流したりすることで、店長の当たりをかわす糸口が見えてくるかもしれません。

Q……解説

　「女教皇」が出るのなら、**大きな動きはせずに粛々と今いる場所にとどまる＝バイトをし続けるBさんの姿を読み取る**ことができ、「**アルバイトはやめずに、続けましょう**」とひとつの方向性をすすめることができます。

　そして「女教皇」のように考え、振る舞いましょうということも忘れずに伝えましょう。行動だけではなく、「女教皇」の精神性を心の持ち方に生かしてもらうこともできるでしょう。

　女教皇の**キーワードは神聖、神秘、高潔、宇宙の律法書、古きよき伝統**で、楽しい夏休みとは少々隔たりがあるイメージです。「女教皇」のように、Bさんはもう少しえりを正して気を引き締める必要がありそうです。

　また、せっかくの「切り札」ですから、現状打開策となる特別なアクションも伝えたいところです。女教皇が**手にしている書物「宇宙の律法書」**からヒントを得た次のようなアドバイスが有効なこともあるでしょう。

　「『急がば回れ』と月曜日の午前12時に半紙に筆でしたため、服のポケット入れて次の月曜日まで持ち歩くと開運効果が期待できます。繊細な月の女神の加護が得られるよう祈りを込めてやってみてください」。

第**3**章 女帝

THE EMPRESS ／ L'IMPÉRATRICE ／ L'IMPERATRICE

1600年代中期
J・ヴィヴル版

1709年　P・マドニエ版

ロ・スカラベオ社の
C・バーデル版

［**絵柄のポイント**］

玉座に構える女帝は、ワシの紋章がついた盾を手にした姿で
正面向きで描かれている。顔は若干右に向いている。

◆◆◆

**中近世の家庭で子どもの教育と言えば、まず生活力を身につけさせ
ることでした。衣食住とお金の使い方について学ばせるのです。子
どもを見守ることができる親が理想とされました。**

絵柄の解説

「女帝」の右腕には、ワシの紋章が入った盾が見られます。イタリア、フランス、神聖ローマ帝国をはじめヨーロッパでは古くから都市国家や城主のエンブレムとして、鳥の王者ワシは権威を象徴するものでした。

この「女帝」も、中近世ヨーロッパ社会を構成する重要な人員です。女帝は社会の統治者、一家の**母親**のシンボルです。私たち誰もの原点となる母親は、私たちが生まれて初めて出会う**女性**でもあり、私たちが備え持つ女性性や、女性との関係に深く影響する存在でもあります。

当時の伝統的な家庭において、母親の役割はハウス・マネジメント、家計の管理でした。母親は子どもに金銭の扱い方を教えます。しばしば現金が「リキッド（液体）」と呼ばれるように、金銭とは流動的なものです。その波を読み、うまく使いこなせば人間が社会で存分に力を発揮するための潤滑油となります。幸福な家庭の条件として、**経済力**、それを**循環させる力**があることは多くの人が認めるところでしょう。

同じく母親の役割だったハウス・キーピングすなわち掃除、洗濯、炊事などの家事も見逃せません。家族の健康管理も、母親が担います。経済的に満たされないときでも、愛が心を満たすように心だけでも豊かにあれと、子どもに人生の喜びや楽しみ、**生きることそのものを満喫する**ことを教える、それが愛ある母親のあり方かもしれません。

「ノブレ版」では、女帝の翼が肌色で、この色は女帝の人間性、他者の精神レベルを引き上げる力を表すものとされています。「ドダル版」では翼の色は水色、「コンヴェル版」「カモワン版」は青系です。水色、青は聖母マリアの聖性を示す色でもあり、この女帝の聖性を明確にするもの。伝統的に子

どもを育てることは**見守り**であるとされており、母親とは子どもを一個人として尊重し、個性や才能を引き出す存在なのです。

　この札が逆位置になれば、聖性を欠いた母親と化し、過保護・過干渉か放任しすぎるかで子どもの自立をはばむ存在となるでしょう。依存心が強く、金銭感覚の甘い人間を育てることになりそうです。愛されることを求めても愛し方を知らない人について、その人を育てた母親も愛することを知らなかったということが指摘されることがあります。しかしすべてを親のせいにするのもまた一種の依存心でしょう。

☛ **キーワードで絵柄チェック**

□ **母親**

□ **女性**

□ **経済力**

□ **循環させる力**

□ **生きることを満喫する**

□ **見守り**

＊不明なものは、「絵柄の解説」の太字に戻って確認しましょう。

1 枚 で 解 釈 し て み よ う

最大公約数的な解釈から公倍数的な解釈へ

ピンチをチャンスに変える切り札として

育み、見守る精神性を発揮しましょう。豊かな人生の源泉に意識をめぐ
らせ、ゆったり構えていることです。お金を蓄え、暮らしのためにそれ
を動かすことにも縁があります。

ケース別 キーワードから逆位置まで

愛のカギ

セクシャリティを強みに、相手のリードに任せる、フェミニスト、たお
やかに

ビジネス、スタディの指針

おもてなしの精神、コンセプトは「ラグジュアリー」、女性層をターゲ
ットに、接待

健康の幸運Tips

リラクゼーション、美に投資する、高級食材、女性ホルモンのバランス

今後の成り行き

安楽に暮らす、華やかで女性が好むムードに、余暇を満喫する、出産、
実入りがある

逆位置ではここに注意

湯水のようにお金を使う、過保護・過干渉または放任しすぎる、愛し方
がわからない、依存心

読み解きレッスン Hop・Step・Jump

今後の成り行き──「現状」と「今後」の2枚で、時系列を見る

今回は「今後の成り行きの札」を読み解くレッスンです。

Hop　3枚のカードを左から右へと並べて、それぞれの札で「過去」「現在」「未来」を解釈するという「過去、現在、未来」展開法（図1）があります。しかし、一般的にタロット占師は「未来」を見通すことに重点を置かないものです。

図1

　　①過去　　　　　　　　②現在　　　　　　　　③未来

　図1の「③未来」は「②現在」の延長線上にあるもので、現状において、一手を変えれば、未来もまた変わってくるもの。

　むしろ「現状」に変化をもたらし、個々に思い描く「未来」を創造するために使われるものがタロット占術という技です。

　困難に際して「流れを変えるための一手」＝「切り札」を主体にしたタロット占術にこそ力を注ぐ意義があります。

　ここでは「切り札」をしっかり使いこなすという前提で、「現状」と「今後」の2枚で時系列的な流れを読み解く練習をしてみましょう。
　2枚のアルカナを、左から右へと、時間の流れに沿って横一列に並べ、図のようにタロットが出たとします。（図2）

図2

①現状　　　　　　　　②今後

　「①現状」は「現在、**絵柄のようである**」という解釈になります。
　「②今後」は「今後○○には、**絵柄のようになるだろう**」という解釈になります。
　①②ともに占的を明確に、「2W＋For What（＝誰の・いつ・何のため）」をはっきりさせてから、札をくり出しましょう。とくに「いつ（when）」、①に対して②を具体的に明確にすることの重要性は理解していただけるでしょう。
　また「誰（Who）」が、①と②とで変わることもあるでしょう。ただビギナーは2枚を通じてひとつの主体に統一したほうが読みやすく、無理に変え

ることはありません。

　頭の中で考えるだけでなく、文書化して形に残すことも大切です。

　さらに「②今後」の読み解きは、次の2つを心がけてください。

　1　「今後」は絶対的なものではありません。これを達成できるか、ある
いは回避することになるのかは、相談者次第です。

　2　「切り札」は「今ここで」最大限に有効活用できるもの。今日や明日
の一手を導きだすものとしてすすめています。占的「いつ（When）」は極力
ショートスパンで、長くて2～3カ月程度先にとどめておくのがベストです。

Step　第2章のTrial2、Bさん（男性、18歳）からの相談を振り返ってみま
しょう。

　夏休みに入って、アルバイトを始めて2週間です。バイト自体は楽しいの
ですが、ミスが多く、店長から次にミスをしたらやめてもらうと言われまし
た。かなり店長の当たりがきつく、このまま続けられるか不安です。

　このBさんの相談では、Bさんから、アルバイトについて、最後まで勤め
上げることができるかどうか、「今後の流れを読んで欲しい」と要望される
こともあるでしょう。

　ここで前章とは異なる次の占的で、読み解きに挑戦してみましょう。

　占的「Bさんはこの夏休みのアルバイトを最後まで無事に勤め上げられま
すか？」

　占う目的「For What」も前章同様に、「Bさんの楽しい夏休みと周囲との
調和のために」です。

　この占的に対し、2枚くり出したカードが、次のようになったとします。

　「①現状」と「②今後」の2枚で時系列的な流れを見るタロットの出目は、

ここでは次のように、2枚それぞれ占的を詳細に書き出しておきましょう。

占的	①現状　魔術師	②今後　女教皇
	Bさんの8月1日現在	Bさんのアルバイト終了日8月30日
より詳細に	Bさん本人に、言っているほどの危機感はあるのかどうか	Bさんは夏休みのアルバイトを最後まで続けているかどうか

　こういった占的やこの展開の後記なども記録に残しておくことを習慣づけましょう。作業の中で思いのほか、自分でも驚くような解釈が沸きあがってきたり、タロットとのつき合い方が身につくものです。

Jump　まず「女教皇」の絵柄を見ます。そしてキーワードからもヒントを得ます。**キーワードは神聖、神秘、高潔、宇宙の律法書、古きよき伝統でした。**
　第2章29ページの「今後の成り行き」の**静寂の中で緊張感が高まる、神経質な人・母・女性との関わり、薄々感じていることが現実に**も参考にできます。

　神殿に仕える女教皇がイスに腰かけ、書物を読んでいますので、動きのない、落ち着いた様相がうかがえ、**Bさんが淡々と緊張感を持ちながらアルバイトをまっとうできそうだ**ということが、ひとつ解釈できます。

　仲間と楽しく続けられるとは読めず、最後までいつかクビになるかもという緊張を強いられる可能性もあり、「Bさんの楽しい夏休みと周囲との調和のために」という占的を踏まえると**Bさんが静かに身を引く**という解釈もありでしょう。

　アルバイトをまっとうできる可能性、やめる可能性、いずれにしても緊張感のある流れが出ています。幅をもった解釈の中での**判断のポイントは、相談者の現在**です。

　今回は、「①現状」のBさんは「魔術師」。絵柄を見て、キーワード等を参考に、Bさんは「現在、**絵柄のようである**」という解釈をしていきましょう。

　すなわちBさんは、過去を振り返りながら未来に向かっており、同じミスをくり返さないという用意は周到のようであり、「アルバイトは続けられると判断できます」とひとつの可能性を相談者に伝えることができます。設問の解答としては本来、正解とできるのはここまでです。

　すべてのアルカナがこのように幅をもった解釈ができるものです。まずその幅を取れるようになること、個々の相談者に応じて幅を絞り込むことができるようになること、この2点を目標としてビギナーはタロット学習を進めていきましょう。

　また今回のケースでは、Bさんが男性ですので、「**女教皇**」はBさんが人として**目覚ましく成長を遂げ**、アルバイトを**最後まで続けられる**という解釈もできます。場合によっては、厳しい女性の店長に関わり、最終的に仕事ぶ

Question!

「女教皇」が出ているから、お母さんにバイトを
やめさせられるのかなと思っちゃった。

母親＝「女教皇」という考えも解釈としては間違いではありませ
んが、まず占的の「主体」を決めたら、そこは動かさず、幅を持
たせないようにしましょう。今回は相談者は母親のことに触れて
いません。そのうえで、この札を見て迷うことなく「相談者の母
親だ」と思い浮かぶなら、それはひとつの解釈だと言えるでしょ
う。しかし一方で、解釈というよりは自由な連想が延々と広がっ
ていかないように歯止めも必要なのです。

Question!

主体が男子高校生のBさん＝「魔術師」はわか
りやすいけど、Bさん＝「女教皇」っていうの
が違和感とまではいかないけれども、読みづら
い感じなんだよね。

Bさんが「魔術師」から「女教皇」になるというドラスティック
な変化も、タロットからのメッセージのひとつで、Bさんがあま
り時間を置かずに「バイトを自らやめる」という「急展開」も解

釈できるところでしょう。判断のポイントには、相談者それぞれ
の背景も重要です。

たとえばBさんが高校3年生で受験勉強のことも気になってい
る、または現状でアルバイトをやめたい気持ちが強い場合、「鎮座
して書物を開く」女教皇の姿から、Bさんが静かに身を引く、つ
まりアルバイトをやめるという解釈もひとつの可能性として採用
することもあるでしょう。

その際は相談内容が変わっているでしょうし、占う目的「For
What」や読み解きのテーマそのものも変わってくるはずです。そ
してまた現状の札にも、Bさんの緊張感や自信のなさが出ている
可能性もあるでしょう。

りが認められる可能性もあるでしょう。

　今回のように相談者が決めかねていることに対して、占師が一方的に決め
つけて押しつけてしまわないように複数の可能性を同時に伝える作業も時に
は必要になってきます。相談者をいたずらに驚かせたり、かえって迷わせて
しまわないよう配慮しましょう。

Trial

Trial 3……次の相談を読み、質問に答えましょう。

Cさん（女性、20歳、大学生）から
現在1人暮らしで都内の大学に通う2年生です。実家から毎月仕送りをし
てもらっていましたが、ここへきて父が営んでいた建設会社が経営不振に
おちいり、これまで通りの仕送りが難しくなったと言われてしまいました。

　私が卒業するまで何とかがんばると母は言ってくれていますが、来月から私もアルバイトを始めます。私はちゃんと卒業できるでしょうか？　家のことも心配で、このまま勉強していてよいのかとも考えてしまいます。

　相談のなかで、Cさんが占的を提供しています（下線部）。しかし「Cさんが無事に卒業できるのか？」、つまり現状から数年先になる卒業について占断するのにはタロットは向きません。卒業はいろいろな要素によって決まるものですからなおのことです。ここで「卒業」に焦点を当てるより、Cさんの向こう3か月程度先の今後の成り行きを確認しましょう。「このまま勉強していてよいのか」と考えてしまうCさんの手助けになるように、近い将来から読み解いてみます。

Q……Cさんの「①現状」と「②今後」の2枚のタロット展開が下の図です。占的をよく読み、①→②の流れで、Cさんの向こう3か月の様子を物語ってみましょう。

占的	①現状　女教皇	②今後　女帝
	Cさんの現在	Cさんの向こう3か月

より詳細に		Cさんはアルバイトをしながら無事に大学生活を送ることができるか？

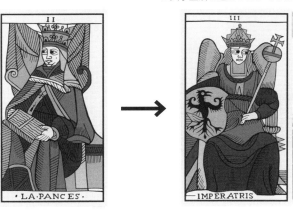

Answer & Point

Q……解答例

「①現状」、Cさんは出費も遊びもおさえ、つつましやかな学生生活を送っているようです。「②今後」の3か月後は、仕送りがそう大きく減額されることもなく、条件のよいアルバイトが見つかる可能性などが解釈できるでしょう。その背後に、がんばってくれている母親の愛を読み取ることもできます。今回の件がCさんの卒業に大きく影響はしないでしょうから、しっかり大学に通うことだと思います。

Q……解説

「これまで通りの仕送りが難しくなった」「来月からアルバイトを始めます」とCさんが話していますので、これらをふまえてCさんの今後を物語ることになります。言い換えれば、「仕送りがなくなってしまう」「学業とアルバイトの両立が難しくなる」などの危険性が出てくるのかどうかを「女帝」の絵柄に見出すことが重要です。

占的	①現状　女教皇	②今後　女帝
	Cさんの現在	Cさんの向こう3か月
より詳細に	実家の変化を受け不安になっている、そしてアルバイトを始めようとしているCさん。 ↓ 冷静に判断しようとしている。こうなった経緯＝過去に焦点が当たっており若干後ろ向きとも言えそう。	Cさんはアルバイトをしながら無事に大学生活を送ることができるか？ ↓ 「これまで通りの仕送りがなくなってしまう」「学業とアルバイトの両立が難しくなる」などのCさんが現状で推察できる危険性が出てくるのかどうか？

　現状には「女教皇」。**キーワードは神聖、神秘、高潔、宇宙の律法書、古きよき伝統**。厳粛さとともに清貧な様子が伝わってきます。

　今後には「女帝」。**キーワードは母親、女性、経済力、循環させる力、生きることを満喫する、見守り**。「女教皇」と同じく女性、母を示す札です。どちらも女性が鎮座している絵柄で、動きが感じられません。
　①で読み取ったＣさんの緊張が解け、落ち着きが出てくることがうかがえます。親に頼りきっている学生生活を送るよりも、家事や金銭管理を学び、しっかりとした女性へと成長の一歩を踏み出せそうです。

第4章 皇帝

THE EMPEROR ／ L'EMPEREUR ／ L'IMPERATORE

1659年　J・ノブレ版

1701年　J・ドダル版

ロ・スカラベオ社の
C・バーデル版

［絵柄のポイント］

アルカナの中で唯一この「皇帝」が足を組んだ姿で横向きの姿で描かれている。
足元の盾に見られるワシの紋章は、女帝のものとは異なる。

子どもは成長とともに親を手伝い、働きだします。奉公へ出される
子、肉体労働を課される子どももいました。

─── 絵柄の解説 ───

　皇帝とは、ヨーロッパで複数の王を**統治**する王の中の王です。800年代に入って、ドイツ、オーストリア、イタリアの一部など複数のカトリック系都市国家の集合体として神聖ローマ帝国がつくられ、各国の王を統治する皇帝が擁立されました。

　玉座に腰かけている皇帝の姿が真横から描かれています。これまでも、顔の向きに意味合いを持たせているケースがあり、左が過去、右が未来と定義できることを伝えていますが、特に「カモワン版」では皇帝が過去を向いている点が重視されており、ホドロフスキーによれば「皇帝の眼差しが激しすぎて正面から描くことができない」とされています。古来、神という存在が「恐れ多く、その名を口にできないもの」として取り扱われた文化が世界各地で見られるように、この皇帝を正面から描くのは、恐れ多いことになるのでしょうか。

　過去を表す左のみを直視しているこの皇帝からは、偉大な**経歴**を読み取ることができます。一朝一夕ではなしえない、ひとつの英雄伝をそこに垣間見ることができるでしょう。

　他方、最古の「ノブレ版」のみ「皇帝」は右向きで、未来に向かって一直線で、脂の乗り切った支配者の勢いがうかがえます。右手よりも神聖とされる左手で皇帝が笏を持っていることが重要であり、この皇帝が決して傍若無人な支配者ではなく和平を目指すことが暗示されています。

　王笏の先には、世界を象徴する球に十字架を立たせた宝珠がついており、これは古代ヨーロッパの**支配者**の付帯物として欠かせないものでした。

　第3章の「女帝」と対の関係でもある「皇帝」。この2枚を一組として見つめることも重要でしょう。一国家の女帝が一家庭の母親にたとえられるなら、皇帝は一家の**父親**に相当します。中世社会では、家族を守ることに父親

の存在意義がありました。家庭を守り、外敵に対して果敢に攻め行く闘争力
という**男性的な力**が描かれているのが「皇帝」です。「女性と子どもに優し
く、敵に対しても礼節を尽くす」という騎士道精神が美徳とされた中世にお
いて、男性には**紳士**的な振る舞いが求められていたのでした。

　しかし、どんなに盤石な統治体制を築いても、支配者に待っているのが世
代交代です。独裁的な権力者たちは、悲しい末路をたどることも多いもので
す。

☞キーワードで絵柄チェック

□統治

□経歴

□支配者

□父親

□男性的な力

□紳士

＊不明なものは、「絵柄の解説」の太字に戻って確認しましょう。

1 枚 で 解 釈 し て み よ う
最大公約数的な解釈から公倍数的な解釈へ

ピンチをチャンスに変える切り札として

男性的な力、肉体的な力を発揮しましょう。これまでつちかってきた力と積み上げてきたものを信じる勇気、さらには責任感も不可欠です。そのうえで紳士・淑女でありましょう。

ケース別　キーワードから逆位置まで

愛のカギ

譲らない姿勢、主導する、生産的なぶつかり合い、肉食系、恋より仕事

ビジネス、スタディの指針

トップダウン、不屈の精神、建設的であれ、独立・自営、家族や配下の人たちにも配慮する、経歴を生かす

健康の幸運Tips

エネルギッシュなスポーツ、筋力トレーニング、高たんぱく食

今後の成り行き

闘争が起こる、男性の影響力を受ける、腕力・武力で進める、支配する・される、人生をかえりみる

逆位置ではここに注意

傍若無人、世代交代、下剋上（げこくじょう）、好色、自業自得

読み解きレッスン Hop・Step・Jump

逆位置について①──占い以前の問題

Hop 今回は絵札がさかさまで出た場合、すなわち「出目が逆位置だった」場合を考えてみましょう。逆位置は「意味が逆になる、正反対の意味になる」というのは俗説です。

おさえておきたいことは、**逆位置とは**Reverse（さかさま）だということです。Opposite（反対）ではありません。

実際の逆位置のアルカナを見てみましょう。

図1　アルカナ I 〜 III が逆位置で出た場合

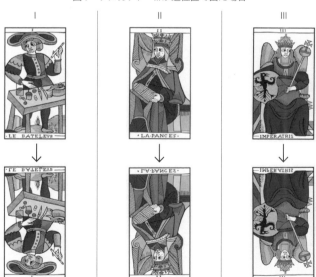

　男性が女性にはなりはしませんし、魔術師が普通の人間になるわけでも、女教皇が尼僧をやめるわけでも、女帝が平民の女性になるわけでもありません。正位置でも逆位置でもあくまでも、魔術師は魔術師、女教皇は女教皇、女帝は女帝です。

　正位置では肖像画のようにすましていられますが、逆位置だとそれができなくなる……。そんなイメージでOKでしょう。

　出た絵札が「逆位置」であっても、「正位置」での解説と本質的に変わることはありません。22枚の大アルカナについて正逆44パターンの意味を覚えようとする必要はないのです。

　「正逆の違いは採用しないのですね」などと言われてしまうことがありますが、そうではありません。アルカナが「逆位置」で出るということに大きなメッセージがあるはずです。アルカナは上下左右が明確になっている「絵」です。これを理由もなくわざわざさかさまにして見る人はいないでしょう。

　逆位置のアルカナには「そのまま直視していられない何か」「立て直すべき何か」を見出すことができるはずです。

　特に逆位置の「切り札」は、その切り札が使い物にならないことの暗示であり、占い以前の問題があるというサインだととらえましょう。現段階では、各札のキーワードをもとに考え、本書の「逆位置ではここに注意」を参考にしてください。

 Step 第3章の Trial 3、Cさん（**女性、20歳**）からの相談を振り返ってみましょう。

　現在一人暮らしで都内の大学に通う2年生です。実家から、これまで通りの仕送りが難しくなったと言われてしまいました。来月から私もアルバイトを始めます。私はちゃんと卒業できるでしょうか？

　Cさんに突然降りかかった経済難を受けて「Cさんは大学をやめるべきか否か?＝今取るべき行動は?」という占的で引いた切り札が、アルカナ「女帝」の「逆位置」だった場合、ビギナーはまずアルカナ「正位置」の「女帝」が出た場合のアドバイスを考えてみてください。

　「**気持ちにゆとりを持ち、どっしり構えていることが大切です。**アルバイトも**たくましくこなし、日々のやりくりを実践してみましょう。今の時点で大学をやめる必要はないはずです**」

　以上が「正位置」のアドバイスです。では、「逆位置」はどう読み解きますか?

Jump　Cさんが今取るべき行動は?＝逆位置の「女帝」に、「経済難ながらも奮戦している女子大生」が読み取れるでしょうか。Cさんに降りかかっている経済難をどう乗り切るかが課題だとタロットは伝えて出ているようです。

　占師として、次のように伝えてみてはいかがでしょうか。

　第3章37ページ「逆位置ではここに注意」では**湯水のようにお金を使う、過保護・過干渉または放任しすぎる、愛し方がわからない、依存心**です。

　「**Cさんに金銭管理が求められ、自身をマネジメントできるのかが課題の**ようです。今の時点で大学をやめなければならないということはないはずです。ただやはりいきなりアルバイトをしながらの学生生活を始めるのは**大変**でしょう。大学生らしいおしゃれや遊びといったものは**一時あきらめることなど覚悟して。甘い気持ちは持たず、自立した大人としてこの事態をどんと構えて受けて立つ必要があります**」

　Cさんの元々の性格や、大学で大きな目標がなかったり、家族関係がよくないと、Cさんのがんばりが続かなくなる可能性が感じられ、Cさんからさらなる話を聞きたいところでもあります。鑑定の現場で、占的以前の問題に踏み込んでいけることもありますが、相談者にそこまで考えるゆとりがない

ことも多いので、ケースバイケースの対応になってきます。相談者の聞き役に徹して、様々な思いやバックグラウンドを余すところなく話してもらうという、対話に重点を置いたセッションを充実させることも大切だと思います。

　正位置の切り札は、それをそのまま相談者に使ってもらえる現状打開のカギです。

　逆位置の切り札は、今の相談者にとっては無効。しかしカギを使えるようになるための課題が読み取れるはずです。

Trial

Trial 4……次の相談を読み、質問に答えましょう。

Dさん（女性、24歳、会社員）から

人間関係に疲れ今の職場をやめる決意をした矢先、異動の話が出て、他県でまったく違う業務につくことをすすめられています。実は、そこは、もう3年ほど遠距離恋愛でつき合っている彼がいる場所なのです。異動を受け入れ、彼の近くへ行きたいと思う一方、彼が何と言うか不安で、正直怖いです。そもそも今の仕事はやめようとしていたわけですから、新しい仕事をここで探すべきでしょうか？　会社に返事をしなくてはならない期日が迫ってきたのですが、気持ちが決まりません。

　仕事に恋が絡んだ相談で、恋の決断か仕事の決断か、占的をどうするかも幅が広がるところです。質問の占的をよく読み解答してください。

Q1……占的「Dさんが人生で悔いが残らないよう、今ここでとるべき行動は?」に対して、一枚引きで出した切り札が「皇帝」の正位置だった場合、Dさんにどのようなアドバイスを伝えますか?

Q2……Q1と同じ占的に対して、切り札が「皇帝」の逆位置だった場合、Dさんにどのようなアドバイスを伝えますか?

Answer & Point

Q1……解答例

　彼はDさんにとって大きな存在です。転職も含め彼にすべてを打ち明ける勇気を持ちましょう。その際、Dさんが主体性を持って彼をリードしながら、「異動を受け入れ、彼の近くへ行く」方向性で話し合いができるとよいでしょう。この札はそのうえでゆらぐことなく、転職活動へと力強く一歩を踏み出すべしとも伝えているのかもしれません。

Q1……解説

　「皇帝」のキーワードは、統治、経歴、支配者、父親、男性的な力、紳士。女性でありまた気持ちが不安定になっているDさんに対して出た「皇帝」は、「男性的な力」というキーワードから、Dさんの中にある闘志の姿かもしれません。もしくは、恋と仕事とを混同しないことでもあるでしょう。

Question!

どっちかって言うと「皇帝」＝彼では？　Dさんは異動を受け入れ、彼の近くへ行くべし！って強く押してみたいね。

それもひとつです。今のDさんにとって「彼」がカギ＝キーパーソン、大きな存在なのです。極端な場合、完全に彼のリードに任せましょうとうながすこともできます。

Question!

ずっと遠距離恋愛をしている彼に……まさか他にも女性がいるなんてことは？

それもありえます。彼と向き合えるかどうかが、Dさんの大きな課題だということになります。
ただ、まだこの件を彼に話してもいない、「彼が何と言うか怖い」Dさんに対して登場している「皇帝」です。まずは人生に主体性を持ち、強くありましょうと勧めたいところです。

　タロット解釈は一問一答。「皇帝」1枚にＤさんが取るべきひとつのアクションを見出したら、他の一手に広げないようにしましょう。占師と相談者とで一体になってその一手についてていねいに話し合うことが大切です。

Q2……解答例

　ぶつかり合うことを避けていては、愛が深まりおたがいの気持ちに自信が持てるようにならないでしょう。日頃からもっと言いたいこと、やりたいことを少しずつでも勇気を出して彼に伝えていってみましょう。そして、転職と異動と彼との交際とをいっしょくたにせずに、Ｄさんが自分で決めたことは貫きましょう。何かあったときに立ち向かっていく勇気を大切にしてください。

Q2……解説

　札が逆位置で出ているのは、占い以前の問題があるサインでした。
　Ｄさんが、職場でのポジション争いやいじめなどに疲れている場合もあるでしょう。転職することで本件は済むことなのか……人生の主導権を持てず、戦意を喪失したままでは、同じことのくり返しにならないか心配です。
　そして彼とのこと。「皇帝（逆位置）」は、Ｄさんの性格を反映したもので男性にリードしてもらわないと、なかなか恋や結婚が進展しない傾向を暗示したものなのかもしれません。
　逆位置はまた、「彼とのこと以前の問題」を暗示するものだととらえることもできます。異動して彼の住まいの近くに行けるかもしれないという話を切り出せないＤさん自身が、まだ彼に対する自分の愛に自信が持てていないのかもしれません。

　占師の数だけ解釈の幅も広がりますが、日頃の練習でこの幅を豊かにする

ことで、実際に相談者と向き合ったときに、その相談者のための唯一無二の解釈を創造できるようになります。個々の相談者の立場や意向もしっかり把握することにも努めましょう。

第5章 教皇
THE POPE ／ LE PAPE ／ IL PAPA

1700年代中期　ブザンソン版　　1709年　P・マドニエ版　　ロ・スカラベオ社の
　　　　　　　　　　　　　　　　　　　　　　　　　　　　　C・バーデル版

［絵柄のポイント］

信徒を前に右斜めを向いた教皇の冠と十字架に三重のシンボルが見られる。
ギリシア神ゼウスもしくはローマの神ユピテルが描かれている亜種もある。

❖❖❖

どういう家庭に生まれ、どこに住むかで、その人の所属する社会が
決まります。人間は社会的な生き物であり、内と外の顔があるもの
です。

─── 絵柄の解説 ───

　イタリア語のタイトル「PAPA」は、父親の呼称「パパ」の語源です。紀元3世紀、初代ローマ教皇ペテロが「我こそが全ローマ人の父である」と自称したことがはじまりです。ペテロが創設したとされるローマ・カトリック教会は、380年にローマ帝国の国教と認められ、キリスト教最大の派閥になりました。現在もバチカン市国を拠点に、第266代ローマ教皇フランシスコが最高指導者として影響力を持ち続けています（2022年1月現在）。

　「教皇」は、このローマ教皇がモティーフであろうことは明らかで、絵柄に見られる三重十字、三重冠もすべてローマ教皇のものであり、教皇が天と地と地獄の三世界を行き来できることの証です。教皇はすこぶる**健全**ながらも、人間という動物であり、かつ霊性を身にまとえる存在なのです。

　神と人間の仲介をつかさどる教皇は、うやうやしく集う信徒を導く威厳に満ちた存在として描かれ、**格式**ある雰囲気が伝わってきます。彼の背後に描かれているのは神殿の門柱、三世界を表すはしご、もしくは背もたれだとも言われています。

　「ノブレ版」では、「女教皇」が若い世代を律する厳格な乳母で、この「教皇」は**道徳**的に導く柔和な「祖父」だとされています。教会に懺悔をしに訪れる罪人にさえ理解を示すおだやかな包容力が教皇にも見出せるでしょう。迷える人に道を説き、**忠告や助言**をするのも特徴です。

　家と社会がテーマになるアルカナですが、教会が病院の起源であったという歴史的背景も注目したいところです。教会ではけが人・病人を受け入れ、修道士がその看護にもあたっていました。**医療**にも関わるアルカナだとも言えます。

　教皇の手袋には十字が見られ、「カモワン版」では、水色の手袋をした手

は彼の手ではなく、神の道具だとされています。またこの十字が、清貧を貫き求道に努めたことで知られる、聖ヨハネ騎士団のシンボルのマルタ十字だという説もあります。

　しかし、権力者というものは様々な人間に近寄られるなかで、容易に神の手袋を脱いでしまう可能性があります。「カモワン版」ではすでに片方の手は水色ではありません。神の道具も使いようで、ただ形だけで中身が伴わない場合も多いものです。偽善、羊の皮をかぶった「教祖」に要注意です。

☞ キーワードで絵柄チェック

☐ 健全

☐ 格式

☐ 道徳

☐ 忠告や助言

☐ 家と社会

☐ 医療

＊不明なものは、「絵柄の解説」の太字に戻って確認しましょう。

1 枚 で 解 釈 し て み よ う
最大公約数的な解釈から公倍数的な解釈へ

┌─ピンチをチャンスに変える切り札として─

社会に目を向けましょう。心おだやかに暮らせるように、家、親兄弟、近隣、所属先ともきずなを育てて。健全な心と身体、公的機関、自治体にもカギがあります。

ケース別 キーワードから逆位置まで

愛のカギ

お見合いが吉、紹介、信頼が愛に変わる、家族ぐるみのつきあい、結納を行う、入籍する

ビジネス、スタディの指針

序列・格式を重視、会議で決定、社会に受け入れられるスタイル、伝統ある企業

健康の幸運Tips

オーソドックスな暮らし、ホームドクター、治療・服薬、世話をする・される、介護

今後の成り行き

何事もなくおだやか、形式的な対応をしたりされたりする、家族・公共機関・病院との関わり、目上の人に従う

逆位置ではここに注意

神の道具も使いよう、形ばかりで中身がない、偽善、羊の皮をかぶった教祖

読み解きレッスン Hop・Step・Jump

逆位置について②——アルカナが示す「本質」の過不足

Hop　この章では、アルカナが示す本質的な事柄が、逆位置になったときに「過剰」、もしくは「不足」していることを解釈するケースを学びましょう。アルカナ1枚1枚の特質が、時に行き過ぎて裏目に出ていたり、100%発揮されずに不完全燃焼していることもある、そんな状態を見極めていきましょう。

　たとえば、第1章の **Trial 1** を「魔術師（逆位置）」で考えてみましょう。一枚引きで「魔術師」が正位置で出たケースでした。

Aさんの相談
同じクラスのB君に片想い中です。バレンタインには告白したいと思っています。好きなアーティストの話が弾むことがありますが、それ以外のプライベートな話はしたことがありません。B君に彼女はいないようですが、私のことをどう思っているでしょうか？

　占的「B君はAさんのことを現在どう思っていますか？」
　「魔術師」のキーワード、神業の芸当、ことば巧み、器用、道具、あざむく、本音と建て前から、B君はAさんのことを「話し上手」「頭の回転が早い」「要領がよい」などと感じていそうです、という解釈が成り立ちました。

Step　「魔術師」が逆位置で出た場合は、一連のキーワードが表す事柄が「さかさま」に出ているイメージを大切にしてください。

次の占的に対して、一枚引きで「魔術師」が逆位置で出たとして、あなたは何と答えますか?

占的「B君はAさんのことを現在どう思っていますか?」

　「魔術師」が示す事柄が「過剰」になっている場合と「不足」になっている場合とで答えてみましょう。
　「魔術師」の「人知」が「過剰」：**ことばが多すぎたり、ウワサを吹聴している、発言がコロコロ変わって信用できない**という思いがありそうです。
　「魔術師」の「人知」が「不足」：**話がワンパターンになっている、ボキャ**ブラリーがとぼしい、**情報が古い**などの思いがありそうです。

　いずれにしてもことばや会話に問題があるという状態です。「過剰と不足」では相反するメッセージになるように感じられるかもしれませんが、アルカナ1枚の本質を思い出しましょう。恋の成就というハードルの高さがより一層感じられるところとなりますが、この核心部分をやんわりと相談者に伝え、実際の相談者とのやり取りを広げながら、占師が過不足を判断します。ことばえらびも重要にもなってきます。
　「話が弾むことがあるのですね、毎日どのくらいお話しされますか?」など、占断をしぼるために占師のほうからも積極的に質問してください。
　そしてこの段階に停滞せず、ここからどう変化を起こすかに占的を変えて、現状打開の切り札を出していきましょう。

第1章の **Trial 1**、Aさんの相談を「女教皇」で考えてみましょう。
　　　　「B君はAさんのことを現在どう思っていますか?」という占的に対して、一枚引きで「女教皇」が正位置で出た場合、**キーワードは神聖、神**

秘、高潔、宇宙の律法書、古きよき伝統です。「Aさんのことは、キリっとした感じで自分をしっかり持った人だと感じているようです」などと言えるでしょう。まず短く端的なイメージを伝え、相談者と話を広げる中で肉づけをしていくのが理想的でしょう。

では逆位置はどうでしょうか？「女教皇」が示す聖性が「過剰」になっている場合と「不足」になっている場合とで答えてみましょう

「女教皇」が過剰：細かすぎてダメ出しばかり、指摘がこわくて近寄れない、繊細過ぎてこわれやすそう、自己評価が低すぎるなどの思いがあるかもしれません。

「女教皇」が不足：単に偏屈な潔癖症、自分には甘く他人に厳しい、特定の人に対してだけ厳しいなどと思われている可能性があります。

あくまでもB君の印象であって、B君が誤解や思い込みをしている可能性もあるでしょう。ここでAさんが現状の振る舞いをもう一度見直すことで、今後の成り行きを変えていけるチャンスに変えていきたいところです。その方法を占断するなど、相談内容を違う角度から見ていくようにもしていきましょう。

Trial

Trial 5……次の相談を読み、質問に答えましょう。

Eさん（男性、29歳、アルバイト）から
同棲していた彼女から別れたいと言われ、一度交際が白紙に戻りました。

原因は私の性格にあり、特に借金が多いことやルーズなことなどを挙げられ、これ以上いっしょに暮らしてはいけないと言われました。でも、自分には彼女しかないという思いが強く、理由を作っては彼女にメッセージを送ったり会ったりしているうちに、また事実上よりが戻っています。この先彼女との結婚は望めるでしょうか？

「Eさんがこの先結婚できるか否か」といった二者択一を占的とすることはおすすめできません。

こういうケースでは、「彼女との結婚を望んでいるEさんが未来に向かって一歩踏み出すための切り札は？」という質問の立て方がいいでしょう。

Q1……「教皇」が示す事柄の本質、その「過剰」「不足」を考えてみましょう。

Q2……占的に対して、一枚引きで引いた切り札が「教皇（逆位置）」だった場合、Eさんにどのようなアドバイスができますか？

Answer & Point

Q1……解答例

「過剰」なら、Eさんが行き過ぎているということになります。「結婚」という社会的な男女の結びつきにこだわり過ぎていることを指摘して出ている札だと、ひとつ解釈できます。

「不足」なら、Eさんの社会性や道徳性というものが足りていないという解釈ができます。また、家と家との結びつきでもある結婚に、当事者の家族

の賛成が得られていないことが懸念されます。

Q1……解説

　解答を踏まえ、アドバイスをするなら、伝える内容は「教皇」正位置のアドバイスとそう変わらなくなりますが、場合によってはひとつの可能性として次を付け加えることになるでしょう。

　「今のままのEさんを受け入れてくれる存在を、おたがいに求めたほうが、2人にとって幸せかもしれません」

　波線部分は「教皇（逆位置）」のひとつの解釈例です。今回はEさんが「彼女しかいない」と言っている段階にあって、「別れ」をすすめるようなことをEさんが受け入れられるかどうかは難しいところでしょう。
　ただあくまでも占術は人の幸せのために、人が使う術です。
　これを伝えることが相談者とその相手との幸せに通じていくと鑑定中に強く感じられるなら、相談者の選択肢にないことでもことばを選んで伝えてみましょう。

Q2……解答例

　特別なことが求められているわけではなく、彼女から言われたことに向き合いましょう。特に借金が多いことやルーズなことを少しずつでも改善していきましょう。

Q2……解説

　「教皇」のキーワードは健全、格式、道徳、忠告や助言、家と社会、医療。63ページの「ピンチをチャンスに変える切り札として」は社会に目を向け

ましょう。これらを参考にします。

　「道徳的に、秩序ある生活を」と伝えるだけでは漠然とした解釈になってしまいますので、次のように今のEさんに向けた具体的な提案ができるとよいでしょう。
　「**自活し、得られるもので日々のやりくりをし、納税などもなおざりにしないようにしましょう**」

　「教皇」は、格式、家と社会というキーワードから、男女間ではおたがいの家族・家庭、挙式なども示し得る札です。恋愛と違って、責任・義務・負担を伴うのが結婚生活だということも伝えましょう。
　「**元彼女がEさんを結婚相手として安心して受け入れられるように、まずは信頼関係を築いてください。それには2人の間で日常生活のルールを作り、それを必ず守っていきましょう**」

　「Eさん＝教皇の元に集う信徒」という解釈もできます。借金がやめられず悩んでいるなら、専門家を求めて門を叩くときだとも言えます。
　「**散財することに依存し止められないとなると、専門的な治療や心理カウンセリングが必要かもしれません**」
　タロットを介して占師と相談者との間に広がるやり取り次第でもあり、そこに何を生み出せるかに力を注ぎましょう。

第6章 恋人

THE LOVER ／ L'AMOUREUX ／ L'AMORE

1600年代中期
J・ヴィヴル版

1701年　J・ドダル版

ロ・スカラベオ社の
C・バーデル版

［絵柄のポイント］
男性とその両脇に女性2人、計3人が並んで立っている。
彼らの頭上ではキューピッドが今にも矢を放とうとしている。

思春期に入って、人は魅力的な友や恋人と出会い歓喜し、性の目覚
めに戸惑います。その後の人生を左右する重要な時期でもあります。

──────── 絵柄の解説 ────────

　「恋人たち」ではなく、単数形の「恋人」であることが、「カモワン版」や「ノブレ版」の解説書でも強調されているアルカナです。「選択 Scelta（イタリア語）、Choix（フランス語）」といったタイトルもよく見かけます。ある日突然恋に落ちる男女、**恋する人**について、その**ときめき**と、単純にして複雑な人間の一面が描かれた札だと言えるでしょう。

　2人の女性に挟まれている中央の男性は、上半身は、西洋の伝統的な衣装を身にまとっていながら、下半身はほぼ何も身につけておらず、その男性の真上でキューピッドが矢を射ようしている様子からは、上半身と下半身は別といった性衝動を読み取れ、当時としては斬新な絵柄だと言えるかもしれません。

　この図像は、ローマ神話に登場する愛の矢を放つキューピッドがモティーフのようです。その矢を受けた者は最初に目にした者に恋焦がれてしまうといういたずら者で、性愛をつかさどる神です。

　初期のマルセイユ・タロットではキューピッドは目隠しをしています。目隠しは、目でとらえたものから派生する「思考」を超えた、「**感覚**」を象徴するもの、天にゆだねられた振る舞いのシンボルでもあり、西洋絵画では、正義の女神もまた己の思考を封じるため目隠しをしている姿が多く見られます。めぐりくる**出会い**、人間関係の**縁**にも、「目には見えない」エネルギーが働いているとはよく言われることです。

　「ヴィヴル版」「バーデル版」の向かって左側の女性の帽子には、月桂冠があしらわれています。月桂樹は万能神アポロンの神木です。学識を備えた知識人として描かれている左側の女性と、右側の巻き髪が愛らしい女性とが、向きも色調も対照的に描かれています。

　両者にはさまれている男性は、顔は左側の女性を見ていますが、身体は右

側の女性に向いています。学識ある有能な女性の魅力を認識しながらも、身体の動きがともなわないといった、人間の複雑な、それでいて自然な姿が見てとれます。人が**魅力**あるものに自ずと手を伸ばすという流れ、そんな「**選択**」を表す札でもあります。

　他人はもとより自分の感情でさえ制御不能な人間であるため、傷つけ合ってしまうこともあるものです。好きな人と楽しく過ごしていたいという、ただそれだけのことが難しいこともあるのです。

☚ キーワードで絵柄チェック

□ 恋する人

□ ときめき

□ 感覚

□ 出会い

□ 縁

□ 魅力

□ 選択

＊不明なものは、「絵柄の解説」の太字に戻って確認しましょう。

1 枚 で 解 釈 し て み よ う

最大公約数的な解釈から公倍数的な解釈へ

―ピンチをチャンスに変える切り札として―

その胸のときめきのままに。頭で考えず、感覚に従って。あなたの心と
身体の高ぶりを誰も止められません。同時に、他者の思いにも寛容であ
りましょう。

ケース別　キーワードから逆位置まで

愛のカギ

軽いアプローチ、条件ではなく気持ちを優先する、理屈はいらない、恋
人未満、感性の一致

ビジネス、スタディの指針

営利を追求するより喜ばれるサービスを重視、広報活動、魅力的なPR、
ホビー・カルチャー用品

健康の幸運Tips

気分転換、レクリエーション、軽い体操、ありのままに、身体がよろこ
ぶこと

今後の成り行き

感覚的なノリで進展、趣味や好きなことを楽しむ、出会いがある、イベ
ントやパーティーに参加する

逆位置ではここに注意

制御不能な心と身体、傷つけ合う男女、遊び

読み解きレッスン Hop・Step・Jump

展開法の原点、トライアングル

Hop これまで一枚引きをていねいに読む練習をしてきましたので、徐々に札の枚数を増やしていきましょう。今回は三枚引き、大三角形の秘法「トライアングル展開法」に挑戦です。

展開法は次のようになります。絵札は3枚で①から③まで順に正三角形を作るように配置します。

図1

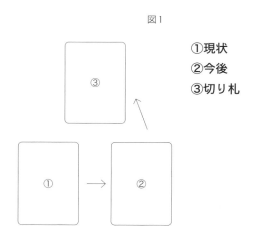

①現状
②今後
③切り札

①〜③について、対応する占的を詳しく見ていきましょう。

①**現状**　相談者の姿、スタンス、姿勢、余力などを見ることができます。どう考え、どう行動しているかだけでなく、どういう立ち位置にいるのか、置かれている状況についてなど深く読み込むと同時に、今、何が必要で何が不足しているのかに理解できることもあり、使い勝手がよい位置になります。

74

相談者が語る現状とのギャップも注意しましょう（第9章「現状位置確認」も参照）。

②**今後**　現状がどのように変化していくか、どう転じていくかという「成り行き」を表します。現状の影響をどう受けるかで、同じアルカナでも読み方に変化が出ます（第3章「今後の成り行き」も参照）。

③**切り札**　相談者へのアドバイス、対応策、行動や心の持ち方の指針を読み取ります。問題解決のカギ、「キーカード」とも言われるもの。相談者自身の姿＝改善すべき点、ウィークポイント、障害を読み取ることもあります。
　＊「トライアングル展開法」では、③切り札について、正立（正位置にする）させて読むという伝統があります。なぜなら、前章、前々章で取り上げたように、札が逆位置で出ようとも、札が示す本質的な事柄は正位置と変わらないからです。

 第5章の Trial 5、Eさん（男性、29歳）からの相談を振り返ってみましょう。

　同棲していた彼女から別れたいと言われ、一度交際が白紙に戻りました。原因は私の性格で、特に借金が多いことやルーズなことなどから、これ以上いっしょに暮らしてはいけないと言われました。でも、彼女にメッセージを送ったり会ったりしているうちに、またよりが戻っています。この先彼女との結婚は望めるでしょうか？

　前章の占的　「Eさんが未来に向かって一歩踏み出すための切り札は？」
　これに対して、一枚引きで引いた切り札が「教皇」でした。

　「トライアングル展開法」では、この切り札と同時にさらに、今後の成り

行きを見ることができるのです。元彼女と今後どうなっていくかという流れとともに、結婚にまつわる切り札をEさんに伝えることができるというわけです。

　「トライアングル展開法」でも一枚引き同様、①〜③の占的を明確にしてください。Eさんの相談では、①②の占的は次のように定めてみます。③切り札は前章と同じです。

　占的と、「トライアングル展開法」の出目が「図2」としましょう。

図2

③切り札
「教皇」

①現状
「魔術師」

②今後
「女帝」

各札の占的
①Eさんの現状　Eさん自身の姿、元彼女への向き合い方、現時点でのよりが戻り結婚へと進む可能性は？

②Eさんの今後　向こう3か月程度でEさんは元彼女とよりを戻せるのか、結婚へと進む可能性は出てくるのか？　①がどのように変化するのか？

③Eさんの切り札　Eさんが彼女との結婚に向かっていけるよう、今ここで求められているEさんの心の持ち方や行動の指針は？

Jump ①→②→③と続けて見てみましょう。

①Eさんの現状　「魔術師」

キーワードは神業の芸当、ことば巧み、器用、道具、あざむく、本音と建て前

　ことばたくみに彼女の気持ちを取り込むEさんの様子が見て取れます。つまり、結婚したいとは言いながらもそれはまだ口先だけで、本腰が入っていません。よそ見をしながら実際結婚できなくてもよいような節がありそうです。元彼女は、気が抜けない思いでいるかもしれません。

②Eさんの今後　「女帝」

キーワードは母親、女性、経済力、循環させる力、生きることを満喫する、見守り

　Eさんが安定してきます。まず仕事と経済面から安定し、借金を重ねることはなくなるようです。彼女との関係を大切に育て守っていくというEさんの成長を解釈することもできます。おたがいに受け入れ合って、彼女が妊娠する可能性も、この3か月で出てくるかもしれません。

③Eさんの切り札　「教皇」

キーワードは健全、格式、道徳、忠告や助言、家と社会、医療

　本質的には前章の一枚引きでのアドバイスと同じです。

　元彼女が安心して、いっしょに子育てをしたり、家庭を営んでいきたいと思えるようにEさん自身が「父親」になること、成長あるのみです。

　この③「教皇」は、①「魔術師」に影響を及ぼしますので、さらに具体的な提案もできます。

　もうよそ見はやめて、彼女1人だけを見つめてあげてください。口先だけではない結婚の意志を示しましょう。とりあえず、Eさんと元彼女の家族におたがいを紹介してはいかがでしょうか？　結婚前提でおつき合いしている

というあいさつだけでもさせてもらいましょう。そんな変化が彼女に安心と信頼を呼び起こすことになりそうです。

　このように、①現状と③切り札のコンビネーションにより、奥行きと幅のあるアドバイスが可能になるのです。

Trial

Trial 6……次の相談を読み、質問に答えましょう。

Fさん（26歳、女性、会社員）から
賃貸マンション住まいですが、向かいの部屋のネコの騒音に悩まされています。そもそもペットは禁止なのに、数匹のネコがいて、子ネコが生まれるとそれはもう大変な騒ぎです。私はネコが苦手ということもあり、ノイローゼ気味になりました。他の住人が直接苦情を言いにいっても変わらず、オーナーも管理会社もかなりルーズで、注意喚起以上のことはしてくれません。もう私が引っ越すしかないでしょうか？　何か解決策はないでしょうか？

「引っ越すしかないでしょうか?」というFさんに対して、それも含めてどういう策を講じるかというアドバイスを、切り札を中心に導き出すことにします。
　今回のトライアングル展開の出目と占的は次のとおりです。

Q……「トライアングル展開法」の出目と占的をよく読み、①～③を続けて読み解き、切り札を中心に、Fさんに問題の解決のためのアドバイスをしてみましょう。

③切り札
「恋人」

①現状
「皇帝」

②今後
「教皇」

各札の占的
①Fさんの**現状**　Fさん自身のスタンス、他のマンションの住人たちや管理会社との関わり方は？

②Fさんの**今後**　向こう1か月程度で騒音問題によって引っ越す必要が出てくるか？

③Fさんの**切り札**　Fさんが向かいのネコの騒音に悩まされることがなくなるよう、今ここで取るべき行動は？

Answer & Point

Q……解答例

　おたがいにもう少し歩み寄りましょう。Fさんのほうから相手にあいさつをし、近所同士のちょっとした声がけをしてみてください。気が向いたときでよいので、心地よい暮らしのためにやってみましょう。

　相手も人間です。苦情や抗議ではなく、ていねいにお願いすれば、また変わってきます。また、もしかすると過去においてFさんも無意識の内に騒音迷惑をかけたことがあったかもしれません。それを先に謝りましょう。そして相手が何か気になること、実は我慢していることなどないか、聞いてくだ

さい。そのとき『ネコが少し苦手なので、もう少し鳴き声などを抑える工夫をしてもらえるとありがたいのですが』と伝えてみましょう。あくまでも「おたがいの心地よい暮らしのために」という前提で、ほほえみながらお願いしてみてください。Fさんならできるはずです。切り札に「恋人」が出たFさんには、この札の資質が備わっているということなのです。

Q……解説

①→②→③と続けて見てみます。

①Fさんの現状　「皇帝」

キーワードは統治、経歴、支配者、父親、男性的な力、紳士

今のFさんは戦闘態勢です。管理会社に許容されている「騒音問題」から我が身を守ろうと毅然とするFさんのスタンス、闘志、事態を制圧しようとしている様子もうかがえます。過去の積み重なりも気になります。Fさんは向かいの人に対して過去において何かやってしまったかもしれません。

②Fさんの今後　「教皇」

キーワードは健全、格式、道徳、忠告や助言、家と社会、医療

①の流れから争いが起きることはなさそうです。Fさんが相手を「追い出そうと攻撃する」必要はなく、事態は穏やかになっていく、つまり**騒音被害が今以上になることはない**のでしょう。それでも、Fさんが「道徳」をかかげて、まだこの案件に取り組むことになることはうかがえます。騒音被害に大きな動きはないと言ったところです。

③Fさんの切り札　「恋人」

キーワードは恋する人、ときめき、感覚、出会い、縁、魅力、選択

統治者「皇帝」とも、社会性を重んじる「教皇」とも相いれないアルカナが顔を出しました。

　隣人トラブルにあたって、日頃のあいさつなどが自然にできている関係と、そうでない関係とではやはり前者のほうがスピーディに解決するという調査結果もあります。これをきっかけに、気持ちのよい人づきあいというものの本質や、Ｆさん自身にすでに人好きのする魅力が備わっていることなどにも意識をおよばせてもらえれば何よりです。

第7章 戦車

THE CHARIOT ／ LE CHARIOT ／ IL CARRO

1659年　J・ノブレ版　　　1600年代中期　　　　ロ・スカラベオ社の
　　　　　　　　　　　　　J・ヴィヴル版　　　　C・バーデル版

[絵柄のポイント]

馬が引く戦車に御者が1人。彼と二頭の馬とが正面から
三角形を形作るような構図で描かれている。

◆◆◆

　青年期に入って、人は親離れし、自立、独立を目指します。若いエ
ネルギーのままに勢いあまってつまずくことも、人生における通過
儀礼です。

絵柄の解説

「チャリオット（Chariot）」とは、紀元前の古代騎馬民族ヒッタイト人が発明したと言われる戦闘用の乗り物です。アルカナには天蓋つきの二頭立ての戦車と、御者として乗る甲冑姿の若い男性が真正面から描かれており、二頭の馬はまるで車体から胴体が突き出ているかのようです。どこか不思議なアングルですが、第6のアルカナ「恋人」との対照性を際立たせたいのかもしれません。前章の「迷える若者」とは異なり、御者はわき目もふらず一直線に自分の行く先を見据えています。

人は若いとき、**がむしゃら**になりがちです。特に勢いづいた若い男性は突っ走りやすい存在で、高みを目指し**挑戦**しますが、熱しやすく冷めやすいのも特徴です。

二頭の馬は御者の僕でありながら、所詮は動物。調教されていない動物は、本能の命じるままに動くだけです。他方人間には、前章の「恋人」が示すように、複雑な側面があるのです。

まったく異なるタイプの人間同士でも、同じ目的を共有し、その一点だけを目指す期間であれば一体となることができる、この「戦車」はそんな象徴でもあるでしょう。

また、ひとりの人間の内面的なバランス、己を御す象徴画としてもこのアルカナは語られてきましたが、制御というより「どう操るか」が主題です。すなわちそれぞれ左と右方向に行きたがる二頭の馬は相反する御者自身の2つの側面なのです。御者が明確な意識を持つ**自我**、二頭の馬が無意識の象徴であるとも言われてきました。御者の采配でこれらが一丸となったときに、この戦車は**最高の走り**を見せるのです。「ノブレ版」では、二頭は異なる色、異なる方向性を示唆しており、一筋縄ではいかない存在とされています。

自我は、自己顕示欲やエゴになり得るものでもあります。当人にとっても

不可解な突発的なアクション、実は深層心理に複雑な思惑が内在する**ヒロイズム**も描き出されています。

　ほとんどの版で御者の甲冑の肩当ては、月を象っています。シンボリズムにおいて太陽が肉体であるのに対して、月は精神を象徴するもの。**心身のバランス**、人間の光と陰について訴えかける絵札でもあるでしょう。

☞キーワードで絵柄チェック

□ **がむしゃら**

□ **挑戦**

□ **自我**

□ **最高の走り**

□ **ヒロイズム**

□ **心身のバランス**

＊不明なものは、「絵柄の解説」の太字に戻って確認しましょう。

１枚で解釈してみよう

最大公約数的な解釈から公倍数的な解釈へ

ピンチをチャンスに変える切り札として

何ごとも時間をかけずに短期決戦で勝負をつけましょう。スピードが大事で、今この瞬間にも、行動すること。本質的な問題の解決にならずとも、次の一手につなげることが肝心であり、派手な動きをしておきたいところです。一か八かの賭けにも強いときです。

ケース別　キーワードから逆位置まで

愛のカギ

勢いで告白する、アクティブなデート、夢を語る、電撃的に始まる、一夜の関係

ビジネス、スタディの指針

即決即断、イメージ戦略、ゲームやカー用品、大風呂敷を広げる、奮起する

健康の幸運Tips

一刻も早く動く、弾けるような若さを目指す、ハードなスポーツ、アウトドアレジャー、パッと遊んでストレス解消

今後の成り行き

一時的な盛り上がり、ピークを迎える、二転三転する、投資・賭け事に関わる、若いエネルギーの作用

逆位置ではここに注意

熱しやすく冷めやすい、馬が合わない、エゴ、人間の光と影

読み解きレッスン Hop・Step・Jump

アドバイスの伝え方

Hop　この章ではアドバイスの「伝え方」に焦点を当てます。
アドバイスカードとなる「切り札」の解釈において重要な点は下記
でした。

　　ポイントその1：絵柄のように考え、行動しましょう
　　ポイントその2：切り札は正位置で考えましょう

　この章では「切り札」の解釈の幅を広げる練習をしてみましょう。
　本書の「最大公約数的な解釈」がストレートの直球だとすると、そこから
さらにカーブをつけたり、変化球を投げる必要が、実際には出てくるもので
す。同じアルカナでも、その都度ふさわしいあなた自身の表現で、相談者が
キャッチできるところへ、何回でも投げかけてみましょう。

　　ポイントその3：アドバイスは「変化球」で伝えましょう

Step　前章を振り返ってみます。**Trial 6**で、もしFさんがアドバイスを受
け入れなかったら、どうしたらいいでしょうか。

　人それぞれの性格や価値観というものがありますから、相談者が占師のア
ドバイスに沿えないというケースはめずらしいことではありません。対応力
が求められます。
　相談を振り返ってみましょう。

　賃貸マンション住まいですが、向かいの部屋のネコの騒音に悩まされてい
ます。複数のネコがいます。私はネコが苦手ということもあり、ノイローゼ
気味になりました。他の住人が苦情を言いにいっても変わらず、管理会社は

注意喚起以上のことはしてくれません。何か解決策はないでしょうか?

　くり出された切り札が「恋人」でした。

切り札「恋人」

　　　　向かいの住人と心地よい人間関係を作ることをアドバイスしたのですが、Fさんからは「向かいの住人とコミュニケーションを取るなど考えられない」と言われてしまったとしましょう。

　　　　こんなとき、別の切り札を出すために占い直すというのは、おすすめしません。

　　　　どの占断も、たとえば易でも卦を立てるのは一回限りです。占断により導き出した答えを、時間がかかっても理解してもらえるよう導くのが本来のやり方です。

　しかしこの導きが、一歩間違えば押しつけになりかねません。アドバイスがスムーズに受け入れてもらえない場合、むやみに「説得」しないほうがいいでしょう。

Jump　では、切り札「恋人」をあらゆる角度から見つめ直し、前章のアドバイス以外の「お向かいのネコの騒音対策」をFさんに伝えてみましょう。可能な限り列挙してみてください。占師は意識下でこの作業を常にしているものです。慣れるまでは記録を残しましょう。後々まで勉強になります。

　1　うるさいと感じる場所に居続けようとしても、身体が動いてしまうはず。Fさんが可能なら、引っ越しもひとつの方法です。今度は五感をしっかり働かせて物件選びを。

2　共感してくれる仲間がいるとずいぶん楽になるものです。心許せる仲間にぐちや不満を遠慮なく言わせてもらいましょう。根本的な解決には時間がかかりそうですから、Fさんが気分転換しながら前進できることが何より大切です。

3　ノイローゼ気味というFさんですが、問題は今すぐパッと解消できないことでもあります。当面は気分転換しながら乗り越えましょう。ひとりでいると、そのことばかりを考え込みがちになりますから、友人知人と交流する機会を多く作って、イベント、パーティーなど出歩く機会を増やしてリフレッシュしましょう。自宅にいるときも、掃除や洗濯などこまめに身体を動かし忙しくしていることをおすすめします。身体にはずみがあると、騒音の感じ方も変わってきます。

4　他にも迷惑だと感じている住人がいるのは幸いです。ひとりで背負いこまずその人たちと連携を図り、他にもFさんたちの感覚を理解してくれる人を探して、味方につけ、大勢で声を上げることから始めていきましょう。

5　たとえば「ペットの騒音に注意」というポスターを作って貼り、取りあえず「鳴き声の対策」だけでもやってもらっては。ネコを飼うお向かいさんを決して断罪したいのではなく、ネコの鳴き声を抑えてくれればよい、という気持ちをわかってもらいましょう。

6　Fさん自身が毎日の暮らしを積極的に楽しみ、充実していることも大切です。騒音問題があるから、日常生活が台なしになるという思考には歯止めをかける必要があります。逆に、憂鬱な気持ちを吹き飛ばすほどに夢中になれることをぜひともこの機会に探してみましょう。

　どれが効果的か、相談者に実践可能かはケースバイケースです。アルカナの図像をヒントに、アドバイスのバリエーションを増やす練習にもはげみましょう。

Trial

Trial 7……次の相談を読み、質問に答えましょう。

Gさん（女性、30歳、パート従業員）から
結婚6年になる夫のDVに悩んでいます。結婚後、徐々に暴力が増え、家にお金を入れてくれないため経済的にも困窮しており、自分のパートの月給をやりくりし、子ども（5歳、保育園児）を食べさせることでせいいっぱいです。頼れるはずの実家の両親とも私は折り合いが悪く……父も暴力的で、母は父を恐れてばかり。私が身を寄せる先もありません。離婚を考える気持ちもあるし、夫が結婚前のように暴力をふるわない人に戻ってくれればという気持ちも強く、途方に暮れています。

　「どうしたらよいでしょうか」と解決策を求めてくる相談者ばかりではなく、「どうしたいのかもわからない」ケースも非常に多いものです。切り札が重要になってきますが、今後の流れも占うことで、「どうするべきか」の選択肢がある程度絞れることもあります。
　今回は「トライアングル展開法」で、Gさん1人ではなく夫婦2人を主語にして、夫婦関係の成り行きを見るのもよいでしょう。子どもを含めた家族みんなの幸せために、切り札をメインにアドバイスを読み解いてみましょう。

Q……トライアングル展開の出目と占的をよく読み、①〜③を続けて解釈し、③切り札から、可能な限り幅広くアドバイスを導き出し、書き出してください。

③切り札
「戦車」

各札の占的
①**Gさん夫婦の現状**　夫婦としてのきずな、愛情はどうなっているのか？

②**Gさん夫婦の今後**　向こう3か月程度の様子は？　暴力行為はよりひどくなるのか、おさまっていくきざしはあるのか？

①現状
「教皇」（逆位置）

②今後
「恋人」（逆位置）

③**Gさんの切り札**　Gさんの切り札は？　子どもを含めた家族みんなの幸せのために、Dさんが今取るべき行動や考え方の指針は？

Answer & Point

Q……解答例

1　一歩踏み出す

　Gさんが本心を抑圧していることほど不健康なことはありません。夫のDVがおさまったり、極端に悪くもならないと仮定して、とりあえずGさん

がどうしたいのかが最優先です。遠い未来のことは考えないでください。勇気を出して一歩踏み出しましょう。

2　家を出る

Gさんの「何とかしたい」という思いが冷めないうちに、今ここで動くことが肝心です。「暴力を受ける→おさまるのを待つ」のくり返しから脱して、大きなけがにつながることなどがないように、取り急ぎ公的な保護施設など安全な場所へ移動しませんか。

3　離婚を視野に

離婚に踏み切りたいなら、今がチャンスです。本当に心からそうしたいと思っているなら、すぐに届けを出しましょう。そこまで思い切れないなら、離婚を視野に入れた別居、夫や周囲に離婚を宣言することなど最初の一歩を。夫の動きを待つ必要はありません。Gさんがひとりで動いてください。大胆な行動に出て、夫の反応を引き出し、そこからまた対策を練りましょう。

4　夫婦で心の問題に向き合う

DVは社会的な問題でもあります。声を上げて周囲に助けを求め、DV被害者・加害者ともにサポートし合う自助グループや支援団体などに参加することも大切です。同じ思いを共有できる仲間の存在は大いに助けになります。積極的に活動に参加し学び、サポートを受けながら夫婦関係の改善を試みてみませんか？

5　障害の可能性

「戦車」は人の「自我と無意識のバランスを取れ」と訴えて出ている札だとも解釈できます。夫の暴力、またGさんの根底にある「二頭の馬」は何なのか。2人が共依存関係にあった場合は、心の専門家の出番かもしれません。Gさんだけでも医療機関を訪れてみてはどうでしょうか。

6　両親を巻き込む

　折り合いが悪いと言っても、通常であれば、実の両親に相談したり助けを求めるのは何らおかしなことではありません。むしろ重要なことですから、ひとりで抱え込まず心の叫びをぶつけてください。子育ての応援が得られれば、悩みの度合いが変わってきます。Gさんが自身の親子関係を見直すことが、夫との関係にプラスになるかもしれません。

Q……解説

①Gさん夫婦の「現状」「教皇」(逆位置)
キーワードは健全、格式、道徳、忠告や助言、家と社会、医療

　これらの過不足が問題となっているようです。

　Gさん夫婦の子どもを含めた家庭生活に陰りが出て、健やかとは言いがたい様子。夫のモラルハラスメントが横行している状態なのかもしれません。

②Gさん夫婦の「今後」「恋人」(逆位置)
キーワードは恋する人、ときめき、感覚、出会い、縁、魅力、選択

　こちらも逆位置です。DVが悪化する様子はありませんが、問題を解決していこうという建設的な姿勢でもありません。

③Gさんの切り札　「戦車」
キーワードはがむしゃら、挑戦、自我、最高の走り、ヒロイズム、心身のバランス

　今後の流れを変えるためには、勢いにまかせたアクションを起こすことでしょう。

Question!

「恋人」の「逆位置ではここに注意」には、「制御不能な心と身体、傷つけ合う男女」とあるからDVが続く、悪化するとも解釈できるような気がするけど？

そうと伝えられる一方で、暴力行為の程度が占的にもなっているため、ここは占師によって広がる判断の幅は最小限にとどめたくもあります。
「悪化」を解釈するのなら、より明確に暴力を感じさせる絵柄とキーワードを含む札（「皇帝」「戦車」「悪魔」など）が出てくる可能性が高く、今回はDVが悪化する様子はない、という解釈に至っています。

　実際の鑑定はここからが本題です。DVの問題に限らずどんな相談でも、その人の生い立ち、経済力、人間模様などが影響しあっているものですから、「このアルカナが出たらこう言う」という紋切り型のアドバイスにおちいらないよう、みなさんも、まずは解釈を列挙してできるだけ多く導き出してみる作業から、バリエーションを広げる練習にチャレンジしてください。

第8章 正義

JUSTICE ／ LA JUSTICE ／ LA GIUSTIZIA

1701年　J・ドダル版

1718年　F・エリ版

ロ・スカラベオ社の
C・バーデル版

［絵柄のポイント］

剣と天秤を手にした正義の女神は神話・宗教ではおなじみの
モティーフでありながら今ひとつ聖性に欠ける様相でもある。

向こう見ずな冒険のなかで、冷静に自分でストップをかけるあなた。
冒険も行き過ぎれば時に破壊行為になると、社会のルールの必要性
を認めます。自他ともに厳しく判断を下せるなら、ようやく大人の
仲間入りです。

---------------- **絵柄の解説** ----------------

　エジプト神話の女神マート、ギリシア神話のテミスなど、正義をつかさど
る神の多くは女性神で、その付帯物は罪の重さを測る天秤です。キリスト教
においては、正義の天使ミカエルの付帯物も天秤と裁きのための剣です。
　女神の背後に見えるのは蝶の羽、または翼、時代が上がるにつれイスの背
もたれ、もしくは二本の支柱とそこに掲げられた垂れ幕というように様変わ
りしていきます。その中央にこちらを見ているような女神が、目線も顔も胴
体も正面を向いて描かれています。女神のスカートの左右で色が異なってい
る部分は、実は人の姿が描かれていたのでは、と感じさせ、どこか「教皇」
の構図を彷彿とさせます。

　マルセイユ・タロット発祥期のヨーロッパは、絶対君主の支配下にありま
した。正当性がある**法規**ですが、この時代において王や領主といった主導者
が定めたものは、実は不平等、不均衡だと、半ば風刺的に描かれているのが
印象的なアルカナです。
　剣は垂直かどうか微妙な描かれ方であるのに対して、天秤は明らかに釣り
合いがとれていません。
　「ノブレ版」の正義の女神は女神ゆえに、いんちきをしていると解説され
ています。左のひじを使って天秤の一方の皿を下げているというのです。
「ノブレ版」では女神の断罪が重要なのだと語られています。剣が示すのは、
分断、断絶、思い切った行動一般なのです。「カモワン版」では、何と天秤
は女神の力によって宙に浮いています。ホドロフスキーによれば、天秤の皿
の不均衡は自然本来の不安定性であり、この女神は非常に人間的な存在なの
です。

　誰もが自分なりの正義を持っているものです。前進するには自らの**正当性**
を主張し、しがらみを**断ち切る**剣が、ただ求められるのです。

　しかし、一定の教育を受け、持論をもって自らを正当化する人が増えたことで、停滞と障害が生まれているのが現代社会かもしれません。場合によっては人それぞれにある正しさのモノサシ、今の時代の**正義が問い直される**事態でもあるでしょう。

　裁きは天にゆだね、あなたはあなたの幸せを見定めることも大切です。もはや**天の聖剣の出番**であると、そんなテーマを含んだアルカナでもあります。

☞ キーワードで絵柄チェック

□ 法規

□ 正当性

□ 断ち切る

□ 正義が問い直される

□ 天の聖剣の出番

＊不明なものは、「絵柄の解説」の太字に戻って確認しましょう。

1 枚 で 解 釈 し て み よ う

最大公約数的な解釈から公倍数的な解釈へ

┌─**ピンチをチャンスに変える切り札として**─────────

情を介さず、あなたの正義を貫きましょう。何が本当に正しいことなの
か、争うのは法廷ばかりではありません。天の裁きにゆだね、正々堂々
としていましょう。

ケース別 キーワードから逆位置まで

愛のカギ

ルールやペナルティ、感情を介さない、厳しい決断

ビジネス、スタディの指針

ドライな対応、合意を得る、適正価格、契約を交わす、勇気ある英断

健康の幸運Tips

数値が大切、正しく測定・計算する、使用法を厳守する、何かを断つ、
身を切る決断

今後の成り行き

無味乾燥な展開、ルール通り、断つ・断たれる、司法との関わり

逆位置ではここに注意

ルールがぶつかる、正当化するばかり、不毛な訴訟劇、正しさのモノサ
シは人それぞれ

読み解きレッスン Hop・Step・Jump

同じアルカナでも解釈が変わる

Hop　この章では、占的が変われば解釈も変わるケースを見ていきましょう。

「現状」や「今後」といった時間の流れによる人の変化や発生するできごとなどは、解釈は同じで、下記のように語尾の表現が変わる程度です。

「今後」＝〜でしょう　「現状」＝〜です　「過去」＝〜でした

同じアルカナであれば、時系列的な解釈では「〜」の部分は同じになります。

一方で、占的の「誰の（Who）」「いつ（When）」の2Wや「何のため（For What）」など占いの目的やテーマが変われば、解釈の内容や表現は変わってきます。同一アルカナに対して、占的が変わったため、解釈も変わるというひとつの例を詳細に見ていきましょう。

Step　たとえば、前章の **Trial 7** では、夫のDVに悩むGさん夫婦の2人を主語にして、解決策を読み解きました。主語をGさんのみにした場合、また読み解きが変わってきます。

相談を振り返ってみましょう。

結婚6年になる夫のDVに悩んでいます。経済的にも困窮しており、子どもを食べさせることでせいいっぱいです。離婚を考える気持ちもあるし、夫が暴力をふるわない人に戻ってくれればと強く思うのですが、途方に暮れています。

　トライアングル展開の出目は前章と同様として、各札の占的をよく読み、①〜③を流して解釈し、③切り札からアドバイスを導き出してみましょう。

③切り札
「戦車」

①現状
「教皇」（逆位置）

②今後
「恋人」（逆位置）

各札の占的
①Gさんの現状　立場、心の持ち方やスタンスは？

②Gさんの今後　向こう3か月程度のDV被害は？　より荒れるのか、おさまっていく可能性はあるのか？

③Gさんの切り札　途方に暮れているGさんが、今ここで取るべき行動や考え方の指針は？

①Gさんの現状　「教皇」（逆位置）
キーワードは健全、格式、道徳、忠告や助言、家と社会、医療
　Gさん自身が、一家の主である夫に振り回されている様子がうかがえます。平穏な社会生活を営むことができず、形だけの家庭を守ろうとしている姿勢も見受けられます。「教皇」が左側＝過去を向いています。相談内容の中でGさんの実家の父親も暴力的だと言っており、育った家庭から負の連鎖が続いているようでもあります。

②Gさんの今後　「恋人」（逆位置）

キーワードは恋する人、ときめき、感覚、出会い、縁、魅力、選択

　まだ夫への想いも強く、そう簡単に別れを決意できるものではないGさんがうかがえます。別れたいが別れられないGさんの葛藤は、「夫が結婚前のように暴力をふるわない人に戻ってくれれば、別れずにすむのに」という思いは、まだ愛があるということなのかもしれませんし、暴力を感じさせる札が出ていないのが幸いです。

③Gさんの切り札　「戦車」

キーワードはがむしゃら、挑戦、自我、最高の走り、ヒロイズム、心身のバランス

　今は動くことが大事です。行く先はDVの専門家か弁護士か、まずは両親の元へ避難するか。決めたところで一直線に行動しましょう。

　いかがでしょうか？　今回はGさんひとりを占断していることもあり、選択の幅を絞り込んでいます。特に③は占師が一方的に判断するものではなく、Gさんの意向をくみ取りながら絞り込んでいくべきところですので、実践の場で一方的にならないよう注意しましょう。あくまで今回の絞り込みは一例です。ケースごとにどれだけ幅広く解釈できるか、そこからどう絞り込んでいくかという過程を学習することが重要です。

Jump　同じアルカナであっても、出る位置によって解釈は変わります。Gさんの案件で、「戦車」が出た位置が「③切り札」以外の他の位置ならば、伝えることは自ずと変わってきます。

　先にも述べているように、「①現状」や「②今後」など占的が変われば解釈も変わり、切り札の解釈と時系列的な解釈も異なってきます。

　たとえば「戦車」が「②今後」に出ていた場合はどうなるでしょうか。「③切り札」で出ている「戦車」が、「②今後」に正位置で出てきた場合も読

み解いてみましょう。

　「②今後」に出た「戦車」は、今後のＧさんが「『戦車』のようになっていくだろう」という未来をあらわしています。

　Ｇさんは突発的な動きに出るでしょう。夫の暴力に果敢に立ち向かっていくかもしれません。子どもを連れて家を飛び出し、DVの専門家か弁護士の元へ走ることなども予想されますし、もはや躊躇せずに両親の元へ一目散に避難することもありえるでしょう。

　いずれにしても後先を考えない動きです。この流れに対する、Ｇさんの行動の指針などを、「③切り札」に求めることになり、アドバイス、鑑定の内容が変わってくることになります。

Trial

Trial 8……次の相談を読み、質問に答えましょう。

Ｈさん（女性、28歳、家事手伝い）から
私にいやがらせをする人がいて、それが誰だかわからず困っています。私への誹謗中傷のFAXが、非通知で自宅に何枚も流れてきます。内容は根も葉もないことばかりです。自宅ばかりではなく、職場にまでFAXが来て、怖くなり仕事もやめました。何とかいやがらせを止める方法はないでしょうか？

　このような相談の場合、相談者は取り乱して、落ち着かない様子であることが多いです。相談内容も、ストーカー被害にあたる可能性が高く、占いではなく警察に相談すべきか、とも懸念される内容です。

Q1……あなたなら、上記のように相談された場合、どのような対応が適切だと思いますか？　下の1～3から選びましょう。

1　他の相談と区別することはなく、通常通りの対応をする

2　この相談は受けず、被害に遭っていることを警察に相談するようすすめる

3　さらによく話を聞いて、警察への相談も含めて対応策を導き出す

Q2……Hさんの相談を「トライアングル展開法」で占断したと仮定しましょう。展開の「③切り札」に「正義」が正位置で出た場合（図A）と、「②今後」に正位置で出た場合（図B）の2つのパターンを考えてみます。占的をよく読み、絵柄のメッセージをHさんに伝えてください。

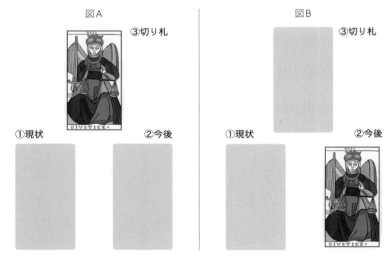

①**Hさんの現状**　Hさんの立場、心の持ち方やスタンスは？

②**Hさんの今後**　向こう3か月程度でストーカー行為をどのように受けていくのか？　それに対してHさん自身がどう変化していくのか？　被害がおさまっていく可能性は読み取れるか？

③**Hさんの切り札**　Hさんが今ここで取るべき行動や考え方の指針は？

Answer & Point

Q1……解答例

どれも間違いではありませんが、「3」がベターではないでしょうか。

Q1……解説

「1」については、相談者とのやり取りは、通常より注意深く慎重でありたいところです。

「2」は、占い師としてあらゆる相談をすべて受けるべきではない、という前提があれば、正解となるでしょう。

筆者が「3」をすすめるのは、占術家を頼りにしている相談者に対して、「2」を含めた答えを占術から導き出すことになるからです。

実際にいじめやハラスメントなど悪質な迷惑行為の被害に遭っているなど、場合によっては警察、法律家、医師など専門家への相談が必須のケースもあり、相談を受ける前に、しかるべき所へ行くよううながすことなども、まれにあるのです。占師として、より心のケアに重点を置いたヒアリングの仕方や専門機関の連絡先など、日ごろから情報収集しておきたいものです。

Q2……解答例

図A　「③切り札」に「正義」が出た場合

「法規」というキーワードから、「この事態を法的に解決すべき」ことがひとつ読み取れます。ストーカー行為に対して取り締まりを要請するため、最

寄りの交番、もしくは警察署の生活安全課へ相談することをすすめます。H
さん自身の考えで動くより、警察に入ってもらうことが吉と出るでしょう。

　しかし様々な理由・事情等でそれができないというケースもあるでしょう。
そうであれあれば、もはやこの案件は天の聖剣にゆだねること。Hさんは裁
きに加担せず、犯人捜しから手を引き、別の解決策に焦点を当てましょう。

図B　「②今後」に「正義」が出た場合

　「法規」というキーワードから、Hさんが法律を持ち出し、相手を断罪し
ようという厳しい姿勢になってくることがわかります。Hさんが訴訟に打っ
て出ることなども予想できます。

　もうひとつ解釈として、誰だかわからなかった犯人が明らかになるという
解釈もできます。その場合、犯人にはそれなりの主張があるかもしれません。
Hさんと双方の言い分がぶつかり、問題が続いていくということがうかがえ
ます。「怖い。何とかやめさせたい」と言うHさんですが、少々時間が必要
なことも伝えたいところです。

Q2……解説

　「図A」・「図B」ともに「正義」のキーワードは法規、正当性、断ち切る、
正義が問い直される、天の聖剣の出番です。

　図Aの場合は、より深刻なイメージです。Hさん自身ではなく、しかるべ
き役割を持った人が厳しく対応することにもなるでしょう。この札が出ると
いうことは、Hさんの被害の度合いも尋常ではないとう解釈にも及ぶことも
あるでしょう。

　図Bの場合は、迷惑行為を受けているHさんが一方的な被害者であるとい
うわけではないかもしれません。人それぞれの価値観がある中で、Hさんが
もともと自分の正義を強く主張するタイプだという場合もあるでしょう。も

しくは、相手方とそれぞれの正義を戦わせることなども予想できます。

　「図B」の場合の解釈はここまでです。どうすればいいかという対応策にまでは触れないようにしましょう。「今後の成り行き」のみを物語ることが重要です。対応策＝アドバイスは、展開の中の③切り札にゆだねることです。

　いかがでしょうか。同じ札でも、展開の中のどの位置に出ているのかを、的確に見極め解釈する習慣を日頃から大切にしてください。相談者に解釈を伝えるときに、3枚それぞれの札から読み取れることが混ざり合ってしまい、結局どのアルカナがどこに出たのかなどが吹き飛んでしまうセッションにならないようにしましょう。

第9章 隠者
THE HERMIT ／ L'ERMITE ／ L'EREMITA

1600年代中期　　　　1700年代中期　ブザンソン版　　ロ・スカラベオ社の
J・ヴィヴル版　　　　　　　　　　　　　　　　　　　　　C・バーデル版

［ 絵柄のポイント ］

「過去」を表す左側を向いていることが多い隠者は、マントに身を包み、
高く上げた右手でランタンを掲げ、左手の杖で身体を支えている。

---◆◆◆---

　一筋縄ではいかないこの世のしがらみにぶつかり、法規制の何とむ
なしいものかと、あなたは俗世に背を向けます。生きる意味を探し、
孤独な修道の道に入るのです。

───── 絵柄の解説 ─────

　隠者（Hermit）とは、宗教的隠遁者を指すことば。賢者や仙人のように、真理や悟りを求めて修行する求道者でもあります。

　隠者は、中世ヨーロッパの伝統的な修道士の姿で描かれています。修道士とは、6世紀頃よりヨーロッパ一帯に設立された、主に仕える者のための学校、修道院に集う信徒です。修道院では禁欲が説かれ、ことギリシア正教会の修道士たちは、西方のローマ・カトリック教会の修道生活とはまた一線を画し、ストイックに、物乞いをするまでに清貧を極めていました。

　修道士は防寒用の頭巾がついたマントを身につけ、どの版でも、あごひげも頭髪も真っ白という風貌です。高く上げた右手でランタンを掲げ、左手に持った杖で身体を支えています。赤く、どこか蛇を思わせる杖も見られます。

　「過去」を表す左側を向き、これまでの歩み、彼が何をし、何を考えてきたかを見据えています。長い修道生活の重みが想像できます。

　ランタンの中の火は、古代より強い力を表すものとして神格化されており、ギリシアにおいては知性の象徴でした。アカデミー（学校）などが存在しない時代には、人は知恵を外部からとり入れることができません。内側からわきあがらせるしかない知力は、活力同様に勢いある価値あるものとして認識されていたのでしょう。

　しかるべき支配者や導き手に不可欠な強いエネルギーを持つ隠者の、人並みではない、卓越した賢慮もうかがい知れます。

　隠者は頭巾をはずしています。彼が身を隠す必要のない場所、修道会の一室にいるのかもしれません。彼の役割は若い修道士たちを導くことですが、「学び」ではなく「悟り」のための師なのでしょう。ここでは文字や情報のやり取りは皆無であり、ただ存在することで子弟の英知に火をともすのです。

　「ノブレ版」の解説書によれば、隠者の右手には小指がありません。フランス語で、「耳の指」と呼ばれる小指がない隠者は、耳をふさぐことができず、答えを外側に求めざるを得ません。「カモワン版」では、隠者の左手から水色に染まりはじめていて、霊化が見て取れますが、彼はまだ**難行苦行**の途中です。

　求道の道を行く者は、社会から理解されず、偏屈な世捨て人と化し、屈折した言動で周囲を困らせていることがあるものです。

☛ **キーワードで絵柄チェック**

☐隠遁

☐求道

☐禁欲

☐悟り

☐難行苦行

＊不明なものは、「絵柄の解説」の太字に戻って確認しましょう。

1 枚 で 解 釈 し て み よ う

最大公約数的な解釈から公倍数的な解釈へ

ピンチをチャンスに変える切り札として

表立った動きに出ないこと。デジタル社会の情報の嵐から自身をシャットアウトし、あなたの中にわき上がるものがあるまで内省して自分の内側と向き合いましょう。光を感じて先に進めたのなら、ひととき悟りの境地に達しているのでしょう。

ケース別　キーワードから逆位置まで

愛のカギ

とことん考え続ける、他言しない、水面下で動く、日陰の存在、表面的なことにこだわらない、古い素朴な魅力、ソウルメイト

ビジネス、スタディの指針

営利より人の心、ライバルが少ない穴場で商う、隠れ家的なお店、アナログ

健康の幸運Tips

絶食する、質素倹約、他者から学ぶ、先人が切り開いた道をたどる

今後の成り行き

地味もしくは地道な展開、ナチュラル・ライフへの移行、年長者との関わり、清貧という美徳、老いたときにわかる

逆位置ではここに注意！

物乞い、はみ出し者、偏屈、世捨て人、屈折した言動、悟ったつもり

読み解きレッスン Hop・Step・Jump

迷ったときの「現状位置確認」（現状の札）

Hop タロットは1枚につき一問一答なので、知りたいことのみを一枚引きすればいいことになります。ただ、やはり1枚のアルカナが伝えることには幅があるので、その1枚の解釈を絞り込むためのサポートカードという視点で、複数枚のアルカナをくり出し、全体像を眺めるというのが読み解きの基本です。

　複数の札の中で、最も重要な札は「現状」の位置に出ているものだと言っても過言ではありません。

　筆者はよく、市街地や旅先での**「現状位置確認」**にたとえます。誰でも道に迷ったときに地図を見て、自分がいる「現状位置」を確認したことがあるかと思います。そこで自分の立ち位置を把握し、このまま進んで大丈夫か、引き返すべきかなど、進路を決定することができるようになります。同じように、自分／相談者が現在どこにいるのか、立ち位置がどこで、そこがどんな様子なのを知るための札、それが「現状」の位置に出る札であり、自分／相談者の思う「現状」とのギャップを読み解くだけでも、深いセッションになります。

　すでに相談者が「現状」について説明をしていても、占師はそれを鵜呑みにせず、タロットが物語る「現状」をニュートラルな気持ちでとらえる必要があります。言ってみれば、相談者の口から出ることばと、アルカナの絵柄を見比べるわけです。「現状」の札には問題解決に至るための大きなカギが見出せるはずなのです。

　解釈においては、相談者を主語にして「相談者＝アルカナ」ととらえるば

かりではなく、もう一歩踏み込み、「**相談者の現状＝アルカナ**」というとらえ方も重要です。アルカナを状態、状況としても考えていきましょう。

Step それでは「現状」について、前章の **Trial 8** で取り上げたHさんの現状に「正義」「戦車」が正位置で出ていた場合を考えてみましょう。相談を振り返ってみましょう。

私にいやがらせをする人がいて、困っています。私に対する根も葉もない誹謗中傷が書いてあるFAXが非通知で自宅に何枚も送られてきます。自宅ばかりではなく、職場にまでFAXが来て怖いです。何とかいやがらせを止める方法はないでしょうか？

「図A」はHさんの現状に「正義」が出た場合、「図B」は「戦車」が出た場合です。

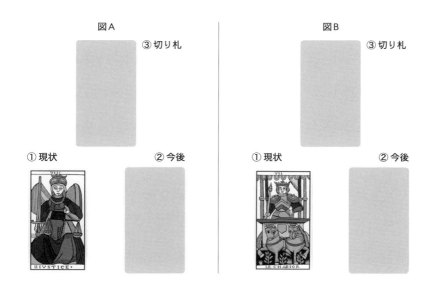

　ここでは②、③に触れず、①の現状位置確認にスポットを当てます。

　「①Ｈさんの現状、立場、心の持ち方やスタンスは?」という占的で、今回は「正義」をＨさん自身に見立てるだけではなく、現在の状態、状況を物語りましょう。

Jump　図Ａと図Ｂをそれぞれ読み解きます。「相談者の現状＝アルカナ」というとらえ方を大切にしてみてください。

図Ａ　Ｈさんの現状　「正義」正位置

キーワードは法規、正当性、断ち切る、正義が問い直される、天の聖剣の出番。

　今回のケースでは、シリアスなムードが伝わってきます。**相談者と向き合う側にも緊張感がただよう状態でしょう。**

Question!

> キーワードがたくさんあって、どんなアドバイスをすればいいか、難しい！

> **キーワードを当てはめるだけではなく、大アルカナが「物語の表表紙」だということにも着目してください。現状では、Ｈさんが主演でタイトル「正義」というドラマが進行中なのです。**

図B　Hさんの現状　「戦車」正位置

　Hさんといやがらせをする人との間に、何らかの誤解が生じているのかもしれません。双方あるいはどちらからの早合点から生じている一過性の問題である可能性が感じられ、向き合う占師としても少々肩の力を抜いて、さらなる聞き取りに入ることができます。

Question!

Hさんが主演で、タイトル「戦車」というドラマが進行中なんだね！　キーワードはがむしゃら、挑戦、自我、最高の走り、ヒロイズム、心身のバランス……**シリアスなムードはなさそ**う。問題は根深いものではないのかも？

Hさんが思い切って周囲に協力を求めるなど、行動に移すことで落着する可能性があることを伝えることもできるでしょう。
このように「現状」を確認することで、相談者のほうで何をどうするべきかを明確にできるのなら、あえて切り札をくり出さなくてもよいのです。

Trial

Trial 9……次の相談を読み、質問に答えましょう。

Iさん（女性、34歳、在宅勤務）から

ストーカー被害に遭ってうんざりしています。今はもうやめているのですが、以前接客業をしていたときのお客の男性が、しつこく携帯に電話してきたり、時々自宅近くにまで来るのです。警察にも相談し注意してもらいましたがとまらず、あとは民事で裁判を起こしてくださいとのこと。だからこの男性を訴えて慰謝料を請求します。<u>裁判に勝つためのポイントを教えてください</u>。

　前章とは別の迷惑行為についての相談です。
　Iさんが下線部で占的を提供していますが、まだ着手もしていない裁判に勝つためのポイントを占的に立てるのは、先走りすぎです。
　相談を受けたら、「**現状位置の確認**」。ここからすべてが始められるオールマイティの1枚です。

Q1……「トライアングル展開法」でIさんの相談を占断しました。展開の①現状に「隠者」が正位置で出た場合（「図A」）を読み解き、Iさんにアドバイスを伝えてください。

Q2……「トライアングル展開法」でIさんの現状、今後（3か月後）、その流れに対するアドバイスの3枚を展開しました。「隠者」が「③切り札」の位置に正位置で出た場合（「図B」）、Iさんにアドバイスを伝えてみましょう。

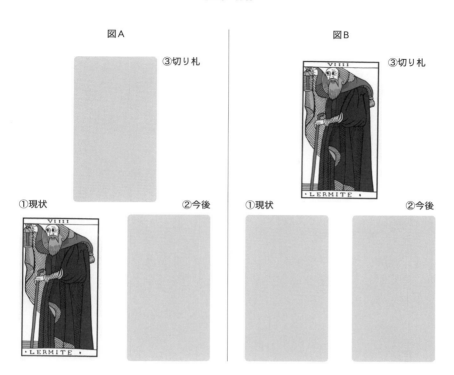

図A
　　　　③切り札

①現状
　　　　　　②今後

図B
　　　　③切り札

①現状
　　　　　　②今後

Answer & Point

Q1……解答例

　Iさんの現状に、「隠者」からタイトルをつけるなら「求道者の難行苦行」。一筋縄ではいかない試練が次々に課され、精神力を試されているような状態にあることがうかがえます。

　相談者はひっそりとがんばっている様子で、身近な応援などは期待できず、これから裁判にいどもうとするには少々心もとない状況です。純粋でもある

のでしょうが、また孤独でもあり、生活苦に端を発した慰謝料請求の可能性なども気になります。Ⅰさん自身が精神的に疲れている、陰鬱な精神状態に陥っている可能性もあるでしょう。

Q1……解説

　大切なことはこういったことを相談者にひとつずつ伝えながら「いかがでしょうか?」と確認しながらコミュニケーションを取ることです。正しい解答は案件ごとに相談者からコミットを得て確認していくしかありません。
　「隠者」のキーワードは隠遁、求道、禁欲、悟り、難行苦行。今回のケースですと、訴訟に向かって行くにはまだ準備不足であることをⅠさんに伝えつつ、占師はⅠさんの気持ちに寄り添いながら、訴訟の行く先を伝えるよりも、少しでも役に立つ情報提供をするなど、社会と隔たりがある可能性がある相談者の力添えをすることが重要になるでしょう。

Q2……解答例

　まずは訴訟の下準備が必要です。依頼できそうな法律事務所などの情報収集をしながら、Ⅰさん自身の内面と向き合う必要もあるようです。慰謝料の話も出ていますが、お金ではなく、自身が現状に光を感じて前に進むことが大切だという出目です。どうしてこうなったのか、過去も振り返りつつ今思うことや感じることなど書き出すなりして、自身の心の動きもしばらく見つめてみましょう。身に着けるものはシンプルにしましょう。派手なもの、刺激的なものは控えるのが吉です。本当の意味で自身を大切にしてください。

Q2……解説

　最大公約数的な解釈では「外界から自身をシャットアウトし、自分の内側

と向き合い、内省すべし」。よってまずIさんには今一度、訴訟も含めて、立ち止まって考えてもらうことになります。裏を返せば、ストーカー被害はこれ以上深刻にならないようですし、訴訟を起こす必要はないということでもあるでしょう。

　訴訟の下準備を勧めながらも、占師は「光を感じて前へ進む」ためのアドバイスを中心に相談者から話を引き出し、対話を重ねていくというのが正解です。

　自己と向き合う象徴的な行動として、「隠者」のようにしてもらうことなどを勧めるのもよいでしょう。

　皆さんも毎日の生活の中で迷い、悩むことが多々あるかと思いますが、タロットでぜひ自身の「現状」を問うてみていただきたいのです。自分が見えていないこと、感じられていないことがあるものです。「タロット目線」で語られる客観的なメッセージに耳ならぬ、「目」を澄ましてみましょう。

第10章 運命の輪

THE WHEEL OF FORTUNE ／ LA ROUE DE FORTUNE ／ LA RUOTA DELLA FORTUNA

1600年代中期
J・ヴィヴル版

1701年　J・ドダル版

ロ・スカラベオ社の
C・バーデル版

［絵柄のポイント］

罪人をあお向けにしてくくりつけるための輪と、輪を上がり、また下っていく
生き物が見られる。ヴィヴル版はこの札を含め、多くの絵柄が反転している。

　苦難の波がこれでもかと訪れ、「何も悪いことなどしてはいないの
に」という心境におちいることが、人生にはあるものです。

絵柄の解説

　描かれている木製の輪は、拷問の道具です。「ノブレ版」では、この札が流転する人生を象徴した輪であり、「幸せをもたらす車輪」ではないと強調されています。拷問を受けるような厳しい試練を示す一方で、それはまた物ごとが移り変わる**過渡期**であり、通過すべき必然なのです。「ラッキーチャンス」と解釈されることもありますが、この**危機的状況**において、ピンチと裏腹にあるチャンスを見出せることに由来しているのでしょう。

　中世ヨーロッパで有罪と宣告された人物は、輪に縛りつけられ、鉄の棒でその手足を砕かれ、時には死に至りました。「魔女裁判」のように、無罪であっても見せしめや政治の道具にされる痛ましい事件もありました。

　輪に絡んでいるのは、人間ではなく動物たちです。聖なる獣が連なる黄道十二宮、別名「獣帯」をモティーフとして描かれた可能性も指摘されています。

　向かって右側の耳の長い生き物は、エジプトの死を司るアヌビス神、あるいは堕天使ルシフェルだと言われています。対して左側では、サルか類人猿かといった生き物が輪を下っています。この世においては生と死、善悪といったものの根源的なシンボルが時間の流れで上下するだけだという**宇宙の営み**を捉えるところが重要でしょう。

　ここには天使の裁量があることも描かれています。円の頂上には、剣を持った有翼の天使が冠を戴き、輪の回転をじゃましないよう小さな板を介して座り、輪の上昇と下降についての裁量を下しています。輪の頂上で神の使いが見張っているのです。

　輪が立っている場所は、版によって異なっていますが、大地か大海原であり、いずれもシンボリズムにおいては、私たちの古い精神構造や深層心理を

暗示するもの。このアルカナは大きな世の中の変化や世代の変化も表し、それに伴う人々の**意識の大改革**をも象徴するものだと言えるでしょう。ピンチをチャンスに変えるには、当事者の意識にも相当の変化が求められるものです。

　スチュアート・カプランは、著書 *Tarot Classic* の中で、「特別な利益、または、あり得ない損失」というキーワードを上げており、思いがけないお金の出入りに人が振り回されるものとしています。ホドロフスキーによれば「幅広い解釈を許容する札」。相談者の実状に沿った読み解きがことさらに求められます。

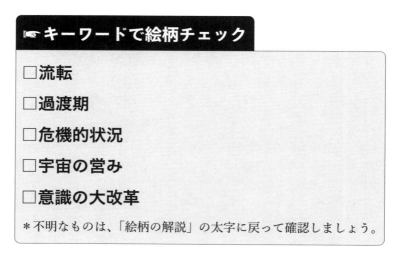

☞ キーワードで絵柄チェック

□ 流転

□ 過渡期

□ 危機的状況

□ 宇宙の営み

□ 意識の大改革

＊不明なものは、「絵柄の解説」の太字に戻って確認しましょう。

1 枚 で 解 釈 し て み よ う

最大公約数的な解釈から公倍数的な解釈へ

┌─**ピンチをチャンスに変える切り札として**─────

今は何もできないかもしれませんが、生きている限りチャンスは必ずめ
ぐってきます。状況を受け入れ、逆境を逆手に取るぐらいのつもりで今
を生き抜きましょう。

ケース別 キーワードから逆位置まで

愛のカギ

去る者は追わず・来る者は拒まず、次につなげる、流れに身をまかせる

ビジネス、スタディの指針

時流を読む、値動きをチェック、商品を回転させる、人事異動、バトン
タッチ

健康の幸運Tips

くり返し続ける、結果が出るのを待つ、症状とつき合っていく、ルーテ
ィンに目を向ける

今後の成り行き

巻き込まれる、翻弄される、過去にタネをまいたことが動き出す、天地
の差があるできごとを経験する、中傷にさらされる、よくも悪くも目立
つ

逆位置ではここに注意

ピンチをチャンスに変えられない、古い精神構造、社会的・世代的な根
深い問題、群集心理

読み解きレッスン Hop・Step・Jump

二枚引き・2枚クロス（十字）展開法

Hop 　新しい二枚引きに挑戦です。すでに3枚使用する「トライアングル展開法」を学びましたが、くり出す枚数＝情報量が少ないほうが、読み解きが難しくなることもあり、3枚より2枚のほうが易しいということはありません。

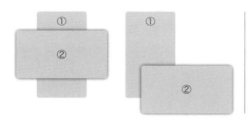

「十字」をかたどって札を配置します。1枚目の「①現状」に、2枚目「②切り札」を交差させて十字に札を置きます。

本書では、絵柄を見やすくするために、下の札を少しずらした配置で掲載しています。

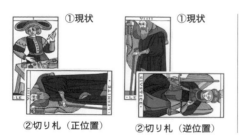

①現状

②切り札（正位置）

①現状

②切り札（逆位置）

横置きの札の正逆に注意しましょう。横に置く②の札の正位置は、向かって左が天＝頭です。逆位置は下図のようになります。

①②の読み解き方はこれまで通りです。

①現状　相談者の立ち位置、スタンス、姿勢、余力などを見ることができます。相談者が置かれている現在の状態、状況にも注意すること。

②切り札　キーカード、アドバイスカード。対応策、行動や心の持ち方の

指針を読み取ります。障害を読み取ることもあります。

　前章では、「迷ったときの現状位置確認」で「現状」の札1枚を深く読み込みました。慣れてきたら、同時に「切り札」も出して読んでみましょう。より効率化を図った展開が「2枚クロス展開法」になります。

Step 前章の **Trial 9**、Ｉさんの相談を、「2枚クロス展開法」で占断してみましょう。

ストーカー被害に遭ってうんざりしています。以前に接客業をしていたときのお客の男性がしつこく電話してきたり、自宅近くにまで来ます。警察にも相談しましたが解決しないので、裁判を起こし慰謝料を請求します。裁判に勝つためのポイントを教えてください。

①現状

②切り札

①**現状**　Ｉさんが置かれている状況は？
「隠者」

②**切り札**　Ｉさんが今ここで取るべき行動や考え方の指針は？
「正義」

この相談に対して、くり出した2枚が上の図だとします。

①**Ｉさんの現状　「隠者」**

前章の **Trial 9**、**Q1** の①「現状」の「隠者」の解釈は下記でした。

　相談者は身近な応援などは期待できず、これから裁判にいどもうとするには少々心もとない状況。純粋、また孤独でもあり、生活苦に端を発した慰謝料請求の可能性なども気になる。精神的に疲れている可能性もある。

②Iさんの切り札　「正義」

Trial 8、Q2で「③切り札」に「正義」が出た場合を取り上げましたが、同じアドバイスが、今回のストーカー相談に使えるでしょうか？　Trial 8、Q2「切り札」は次のようにアドバイスしました。

　この事態を法的に解決すべき。最寄りの交番、もしくは警察署の生活安全課へ相談することをすすめる。自身の考えで動くより、警察に入ってもらうこと。

　すでに警察が頼れなくなっているⅠさんの相談では、まったくかみ合いません。もちろん相談内容、そもそもの「2W+For What」が異なっています。このように同じ「正義」の切り札であっても、まったく同じアドバイスでは通用しなくなるという一例です。

　相談ごとに異なる「①現状」を踏まえたうえで、「②切り札」で的確なアドバイスをしてみましょう。

「②切り札」に出た「正義」の**キーワードは法規、正当性、断ち切る、正義が問い直される、天の聖剣の出番。**

　今現在、Ⅰさんの「裁判を起こす力」が弱いようでもあり、もう少し勉強したり、情報収集することをすすめます。Ⅰさんと似た案件の判例を探したり、こういった案件を得意とする弁護士をリストアップするなど下準備からはじめてみましょう。

　また、お金や人間関係など何か断ち切るべきものがある際によく出るアルカナなのですが、いかがでしょうか？　そのストーカーという男性と個人的におつき合いしていたということはないでしょうか？

　このように相談者に問いかけながら、解釈することも大切です。

　各章の「最大公約数的な解釈から公倍数的な解釈へ」では、最小公倍数へ

とすそ野を広げて解釈のキーワードを列挙していますが、いつもこの中にマッチすることばが見つかるとは限りません。相談者との二人三脚はもちろん、周囲の札から手がかりを得ながら解釈の幅を絞り込みつつ、あなた独自の表現ができるように日々鍛錬していきましょう。

Trial

Trial 10……次の相談を読み、質問に答えましょう。

Jさん（男性、28歳、会社員）から
半年ほどつき合ってきた彼女A子と結婚の話が持ち上がりました。それを友人の女性B子に相談したところ、B子が「私もあなたのことが好き」と言い出したんです。B子は学生時代からの趣味のサークル仲間で、実のところ僕はB子のことがずっと好きだったんです。でも僕のことは異性として見ていないようだったので、A子と交際を始めたのに……。A子から交際を申し込まれたときからいろいろとB子には相談してきたのですが……A子とB子、僕はどちらを選ぶべきでしょうか？

本件について様々な占的が立てられますが、「二者択一展開法」などで下記を占断するのは好ましくありません。
✕Jさんは、A子とB子、どちらを選ぶべきでしょうか？

交際していたA子さんと結婚話が出たところで、B子さんがJさんへの想いを打ち明けてきたという現時点では、やはりまずはJさんの立ち位置を見極めることが先決です。「現状位置確認」そして「切り札」を読み解いていきましょう。

Q……Jさんについての「2枚クロス展開法」の出目が次の図です。あなたはJさんにどのようなアドバイスを伝えますか。

①現状

②切り札

①**現状**　Jさんが置かれている現在の状況、心の持ち方、立ち位置、スタンスは?
「隠者」

②**切り札**　Jさんが今ここで取るべき行動、A子さんとB子さんへの対応含め考え方や行動の指針は?
「運命の輪」

Answer & Point

Q……解答例

　2人の女性を天秤にかけるのではなく、こういう状況になったことをJさん自身が真摯（しんし）に受け止めましょう。交際中のA子さんに、結婚についてはまだ気持ちが定まらないと伝えるということになるでしょう。話し合いの流れで、A子さんからそしりを受けたり、最終的に2人が別れに至る可能性は高いですが、それこそが受け止めてほしいところなのです。B子さんとのことはそれからです。

Q……解説

　現状の「隠者」には、A子さんとの間にも心温まる愛が見出せず、そうかと言って、喜び勇んでB子さんとの愛を育てていこうというムードでもないJさんがうかがえます。もともとはB子さんに想いを寄せていたが、脈がなかったのでA子さんと交際を始めたというJさん自身を悔いていて、この経

緯に何らかの悟りを見出したがっているようにも見受けられます。

　この状況に対する切り札が「運命の輪」です。**キーワードは流転、過渡期、危機的状況、宇宙の営み、意識の大改革**。121ページのアドバイスは「逆境を逆手に取ってでも生き抜きぬくこと」です。非難を甘んじて受けることで、次につなげることができるのでしょう。少々厳しいアドバイスになっていますが、Jさんが自分に自信と主体性を持とうとする改革のチャンスにもなるはずです。

Question!

ここをチャンスとして次につなげるということは、要はA子さんとは別れてB子さんとつき合ってOK、とJさんにアドバイしてもよいの？

結婚についてはまだ気持ちが定まらないと伝えられても、A子さんはJさんと別れたがらない可能性もあるよね？

大事なことは、ここで決定権を持っているのはJさんではないということです。決してJさんに「乗り換え」をすすめるのではありません。A子さんかB子さん次第の流れをJさんに受け入れてもらうことなのです。極端な表現ですが、場合によっては2人の女性にJさんを取り合ってもらってくださいなどというアドバイスにもなりえるのです。

第11章 力

Strength ／ La Force ／ La Forza

1701年　J・ドダル版

1800年代後期
B=P・グリモー版

ロ・スカラベオ社の
C・バーデル版

［絵柄のポイント］

大きなつば広帽子をかぶった女性が獅子にまたがり、
その口を両手で開けている。

人生においてめぐりくる試練に打ち勝つには、まず精神力が求めら
れます。

━━━━ 絵柄の解説 ━━━━

　マルセイユ・タロットの絵柄に見られる「獅子と女性」は、中世ヨーロッパで尊ばれた徳性「剛毅(ごうき)」の擬人像が彷彿とします。剛毅とは、人間の内なる精神力を表すことばで、伝統的に力強い女性の姿でシンボライズされてきました。加えて、獅子と格闘するギリシア神話のヘラクレスの図像などが、この「力」の絵柄に取り入れられることになりました。

　絵札の女性の大きなつば広帽子は、1500年代イタリアの北東部で流行した麦わら帽子に酷似しています。ファッションの流行はミラノからフランスへも広がっていました。時代の先端を行く、粋(いき)で魅力的な女性が描かれているようです。

　女性には女性のやり方があるものです。それはたとえば、やわらかい力で敵を懐柔するという戦術。そうやって闘争のループを断ち切り和合を生じさせた者こそ真の勝利者、社会の**尊敬すべきリーダー**だと言えるでしょう。女性の特性を、ダイナミックに、魅力的に表現しているのがこのアルカナです。

　ホドロフスキーによれば、このアルカナは性的なエネルギーがほとばしる札。人間の創造性から動物的な本能の力、そして性の快楽までもが暗示されているものとされています。

　このアルカナにおいては女性の力を発動させる獅子は、すなわち男性性のシンボルであり、この段階において男性の存在は不可欠となります。**単純ではない力関係**が描かれているのです。

　獅子は最強の肉食動物、百獣の王です。古代より力のシンボルとされ、守護神として崇められてきた聖獣です。国王はじめ権力者たちはその力強い獅子の姿を好んで紋章などに採用しました。この獅子にまたがり、動物の急所であるマズル（口先）を手で押し広げようとしている女性は、自らの獣性を

克服した人間の象徴。この絵は**自分との戦い**の図像でもあるのです。私たち人間も所詮は動物であり、状況次第で動物と化し、本能がむきだしになるものです。**己を飼いならす**ことは人間の最大の課題だと言えるでしょう。

　「戦車」では「己を御す」ことに触れました。私たちは要所要所で御者としての腕が求められ、人と馬に象徴される意識と無意識が一体化できたときには、心地よい爽快感を味わうでしょう。他方「己を飼いならす」ことに取り組んでいる最中は、労力がともないます。楽にできることなら飼いならす段階は脱しているはず。あきらめないで何度でも挑戦を重ねることを伝える札でもあります。

☞キーワードで絵柄チェック

□剛毅

□尊敬すべきリーダー

□単純ではない力関係

□自分との戦い

□己を飼いならす

＊不明なものは、「絵柄の解説」の太字に戻って確認しましょう。

1 枚 で 解 釈 し て み よ う

最大公約数的な解釈から公倍数的な解釈へ

─ピンチをチャンスに変える切り札として─

戦い方が問題です。じっと耐えるしかないかもしれませんが、美しく、気高くありましょう。勝敗は最後の最後までわからないのです。堂々としていることです。

ケース別　キーワードから逆位置まで

愛のカギ

　許容する、甘えさせる、手の中で遊ぶ・遊ばせる、自尊心を持つ、敬愛

ビジネス、スタディの指針

　長期戦、急がば回れ、即効性よりも確実性、下積みを重ねる、戦わずして変化を起こす、本物志向

健康の幸運Tips

　自己管理に努める、自分に負けない、症状とつき合う、アニマルセラピー

今後の成り行き

　成果は出ないが充実はする、長期にわたる取り組み、持ちつ持たれつ、内面的に成長する、頭角を現す、最後に笑う

逆位置ではここに注意

　手を上げる、動物並みの行動、何度も挑戦しない、力をむやみに否定したり抑圧する

読み解きレッスン Hop・Step・Jump

三枚引き、「スリーカード展開法」と過去の札

Hop 　この章では「過去」の札に焦点を当ててみます。下記の「スリーカード展開法」がわかりやすいでしょう。シンプルに、横一線に3枚の札を並べていきます。

基本の占的
①過去
②現状
③今後（3か月ほど先）

　基本の占的は、相談内容に応じて変わることも覚えておいてください。「③今後」は、相談事に必要な時期を設定してください。特に時期を設定する必要がない場合、最大3か月以内としましょう。

　第3章では、3枚の札を並べる展開法についておすすめしないものとして触れていますが、それは占的を明確にしないまま安直に「過去、現在、未来」とアルカナをくり出し、遠い先の漠然とした未来を言い当てようとすることへの注意喚起でした。

　これまで明確に占的を立てたうえで読み解いてきた、「**現状**」から「**今後**」の流れに、その根拠となる「**過去**」の札を1枚足す感覚が、ここでは大切です。

　「過去」を起点として、「現状」そして「今後」へと続くひとつのストーリーを仕立ててみましょう。必ずしも①、②、③という順序で読まなければな

らないわけではありません。③から読み出し、その原因・理由としての②、さらにまたその原因・理由としての①を解釈するという手法もあります。

Question!

たとえば、最終ゴールの札だと言われる「世界」が「過去」に出ていたら、どうすればいいの？

出てきた札が何であれ、22のアルカナそれぞれの性質を読むことを徹底しましょう。「過去」ではなく「原因・理由・根拠」という解釈のほうが読みやすいこともあります。「現状」にどうつなげられるか、いくつか読めるパターンがあるはずです。「どうすればいいの？」と悩む前に、まず実際に読み解いてみて、文字として書き表してみましょう。

Step 前章の **Trial 10** で、相談者の「過去」から「今後」への時系列を読み解く練習をしてみましょう。Jさんの相談を振り返ってみましょう。

半年ほどつき合ってきた彼女A子と結婚の話が出たのですが、それを相談した女性の友人のB子が「私もあなたのことが好き」と言い出したんです。B子のことがずっと好きだった僕は、B子が僕のことは異性として見ていないようなので、A子と交際を始め、いろいろとB子には相談してきたのですが……A子とB子、僕はどちらを選ぶべき？

　　Jさんとそれを取り巻くA子さん、B子さんの3人を主体に、人間模様を
スリーカードで解釈してみましょう。

　　占的と展開は下記の通りです。

①	②	③
「隠者」	「運命の輪」	「力」

①3人の過去　Jさん、A子さん、B
　子さんのこれまでの人間模様
　は？　特にJさんがA子さんと
　交際していたこの半年の状況
　は？

②3人の現状　3人の人間模様
　は？　ここへきてどう変化して
　いるのか？

③3人の今後（3か月ほど先）　3人
　はどうなっていくのか？

Jump では、読み解いてみましょう。
①3人の過去　「隠者」
　キーワードは隠遁、求道、禁欲、悟り、難行苦行。今回は主体が3人です。
彼らの人間模様＝アルカナです。第9章での「状態」を読み解く練習が生き
てくるでしょう。
　やや暗いムードで恋や愛のときめきがありません。JさんにしてみればB
子さんへの想いをひた隠しにしていたし、A子さんのほうでもJさんとの交
際は孤独を埋めるためのものになっていたのかもしれません。A子さんから
出た結婚話も、B子さんからの告白も、その真意があやぶまれます。とは言
え、男女の形は人それぞれで、おたがいがこれでよいならよい、そんなとこ
ろでもあるのでしょう。

②3人の現状　「運命の輪」

キーワードは流転、過渡期、危機的状況、宇宙の営み、意識の大改革。

Jさん自身が自分にも人にもウソをついてきたこと、A子さんとの結婚の意志がないことが露呈し、A子さんはもちろん、この話がもれ伝わる周囲からバッシングを受けて当然という状態。JさんがB子さんとつき合うこともできる状態ですが、持続性は期待できません。しかしこれを契機に、3人が本当の愛を求めて旅立てるチャンスでもあるのです。

③3人の今後（3か月ほど先）「力」

キーワードは剛毅、尊敬すべきリーダー、単純ではない力関係、自分との戦い、己を飼いならす

①→②の流れを引き継いでこのアルカナの特徴を浮き彫りにし、この3人の物語のラストシーンをイメージしましょう。①②に対して、③は劇的に様変わりする印象です。

チャンスを得て、Jさん、A子さん、B子さんたちがおたがいの関係性に甘んじることなく、精神的に自立し、本当の意味で大人に成長していけるようです。手近なところで番になれるパートナーを探すのではなく、時間をかけてでも三者三様の愛を探し求めていく様子がうかがえます。

Jさんの相談内容に、身勝手かつ軽率な印象を受けた人がいるかもしれません。こういう相談に対して相談者のパーソナリティーを指摘する占術家もいるものです。一方でタロットは、相談者を「問題児」として否定することなく、その人の問題がどこから来てどこへ行くのか、今何が求められているのかを如実に示唆してくれるのです。タロットの絵柄は、「人間」について、人の心の動きや、立場について、理解を助けてくれるツールでもあります。古今東西、人は人、皆同じなのです。

Trial

Trial 11……次の相談を読み、質問に答えましょう。

Kさん（女性、34歳、公務員）から
まったく恋愛経験がありません。これから結婚できるでしょうか？　どうか結婚運を見てください。

　内容が漠然としていますが、こういった相談も多く寄せられるのが現実です。「結婚運」は本来タロットのような卜術ではなく、生年月日を用いる命術で占断するものですから、タロットでどう役に立てるかが、求められるところです。

Q……下記の占的に対して、「スリーカード展開法」の出目が下図です。Kさんの結婚についての見通しを占断し、伝えてみましょう。原因や理由など感じられることがあれば、それを踏まえ解決策も提案してみましょう。

①　　　　　　②　　　　　　③
「力」　　　「運命の輪」　　「隠者」

①Kさんの**過去**　Kさんが現状に至るまでに恋愛経験がない理由は？Kさんに、恋に関して特別な出来事があったのならそれはどのようなものか？

②Kさんの**現状**　Kさんの現状は？恋に対する姿勢や思い、置かれている状況は？

③Kさんの**今後**　Kさんの向こう半年程先はどうなっているか？　結婚に通じる出会いなど変化はあるか？

＊向こう数か月程度で大きな変化があるか、というのも非現実的なので、今後についての2WはKさんの向こう半年程度としてみました。

136

Answer & Point

Q……解答例

今がチャンスです。これまで受け身になりすぎていたかもしれません。また、異性を好きになる気持ちを抑えていたり、「結婚前提」でしかつき合う気がないといったところはなかったでしょうか？　まずはこのような点から気をつけていけば大丈夫です。がんばりましょう。

Q……解説

①Kさんの過去　「力」
キーワードは剛毅、尊敬すべきリーダー、単純ではない力関係、自分との戦い、己を飼いならす

恋愛に対して自分を抑えていたか、真剣に愛することができる存在だけを探して軽々しく恋をしなかったのか、そんなKさんが浮かび上がります。

②Kさんの現状　「運命の輪」
キーワードは流転、過渡期、危機的状況、宇宙の営み、意識の大改革

危機的状況におちいっています。これを招いたのはKさん自身でしょう。だからこそ相談に訪れ、自分を変えたいと思っている節もあるでしょう。

③Kさんの今後　「隠者」
キーワードは隠遁、求道、禁欲、悟り、難行苦行

年長者との出会いなども読み取ることができる一方で、独身生活に慣れ、結婚よりも精神世界に転じていく可能性も強く、①②③ともにアクティブなイメージではありません。①と③とが向き合い、そこにはさまれる②を元に、Kさん自身と対話を重ねていくことが大切です。

第12章 吊された男

THE HANGED MAN ／ LE PENDU ／ L'APPESO

1600年代中期　　　　　　1804年　　　　　　　　ロ・スカラベオ社の
J・ヴィヴル版　　　　　　スイス・マルセイユ版　　C・バーデル版

［絵柄のポイント］
男が絞首刑台に足から吊され、後ろ手に縛られ無抵抗の様子。
横向きのめずらしいアングルの絵柄もある。

◆ ◆ ◆

誰かのために絞首刑になるあなた。誰かのために自分の身をささげ、
そこに実りがあるならそれでよいと思うことが、長い人生では一度
や二度あるのかもしれません。

─── 絵柄の解説 ───

　後ろ手に縛られ、足から吊されてもなお、毅然とした男性が凛として描かれています。逆さ吊りという、時間の問題で命を落としかねない、瀕死の状態。**心身ともに耐えがたい苦境**が札には暗示されています。前章の「力」では精神がテーマでしたが、このアルカナには物理的な問題が描かれています。自分以外の何かのために身体に無理をさせていたり、当たり前の生活がままならずに限界にきていたりもするでしょう。それほどまでに**我が身をささげる**価値があるものがまた重要です。命をなげうってもいいという人の**信念**を後押しする札がこのアルカナです。「魔女狩り」「異端審問」による冤罪による犠牲者を悼む精神性にも考えが及ぶところでしょう。

　前章では何度でも挑戦し、あきらめないという徳性を学びました。しかし、あきらめなければそれで済むというほどに、人生は甘いものではありません。己に打ち勝ってもなお訪れる試練に、また別の力で対抗することができるのか、私たちは生きている限り試され続けます。いくつかの版では男性の両肩に白い翼が見受けられます。人が成長し天使になるまであと少しなのです。

　宙づりは、**ペンディング**の象徴でもあります。生きていくうえで、一時、物事を棚上げにする必要が誰にもあるのです。

　逆さになったこの男性は世界がいつもとはまるで違って見えていることでしょう。このアルカナは**視点を変える**こと、追いつめられた状況で発揮される潜在力を示しているとも解釈されてきました。無罪の人間を絞首刑に至らしめた者の行く末をむしろ皮肉り、ほくそ笑みながら死をもって報いる人の図像でもあるのです。

　「スイス・マルセイユ版」は男性が横向きです。絞首刑台の枠組みがまる

で絵画の額縁のようでもあります。この1枚は完全なアレンジ作品であり、メイカーがこのⅫ番に特別な思いを託したタイプだと言えるでしょう。スイス・マルセイユ版ができた当時のスイスは、かのフランス軍の指導者、ナポレオン・ボナパルト（1769–1821）の勢いが強かったのですが、アンギャン公事件（1804年、ナポレオンによる冤罪事件）が起こり、罪なき公爵を処刑したナポレオンに非難が向けられ、反ナポレオンの声が高まったころでした。スイスの行く末をおもんばかるメイカーの愛国精神がにじみ出ているアルカナなのではないでしょうか。

☞キーワードで絵柄チェック

□心身ともに耐えがたい苦境

□我が身をささげる

□信念

□ペンディング

□視点を変える

＊不明なものは、「絵柄の解説」の太字に戻って確認しましょう。

1 枚 で 解 釈 し て み よ う

最大公約数的な解釈から公倍数的な解釈へ

┌─**ピンチをチャンスに変える切り札として**─┐

あなたのためではなく、他の誰かのために生きること。いつものあなたを捨てて、別の誰かのやり方を採用しましょう。この先報われるための通過儀礼と考え、あなたの身体が耐えうる限り、時が過ぎるのを待ちましょう。

ケース別　キーワードから逆位置まで

愛のカギ

どっちつかずの関係を維持、異なる価値観を受け入れる、住む世界が違う相手との恋や結婚

ビジネス、スタディの指針

無償奉仕、畑違いの分野で働く、長いものに巻かれておく、利他的

健康の幸運Tips

自粛、入院、隔離する、ライフスタイルを180度転換

今後の成り行き

無理難題に取り組む、従属せざるをえない、心身を消耗する、自己犠牲、選択の余地がなくなる

逆位置ではここに注意

解放されようとウソをつく、信念がない、単なる現実逃避、自分をも相手をも裏切る

読み解きレッスン Hop・Step・Jump

「クロス展開法」を攻略しよう

Hop この章では「クロス展開法」に挑戦です。「迷ったときの現状位置確認」を1枚の「現状」の札＋4枚のサポートカードで詳細に読み解く占法です。キーカードとなる切り札が展開されていませんので、総合判断で解決策を導き出します。

次のように5枚の札を使って①〜⑤の順番で十字をかたどります。

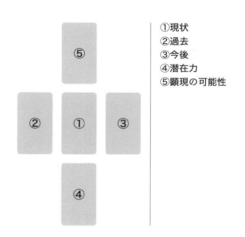

①現状
②過去
③今後
④潜在力
⑤顕現の可能性

①〜③の読み解き方はこれまでと同様ですが、置く順番、配列が若干変わります。

④「潜在力」は不可視の事柄です。大きな影響力になっている場合もあるでしょう。

⑤「顕現の可能性」は潜在力がどのように顕現するかを表します。達成可

能な最高のゴール、現状にある「伸びしろ」だと考えるとわかりやすいでしょう。

Step 新しく出てきた④と⑤をもう少し詳しく見ていきましょう。
④という潜在力が、どのように⑤となって顕現するのかは、タネがどう開花するかという植物にたとえるとわかりやすいでしょう。下図をイメージしてください。

潜在力と顕現の可能性の関係（Top & Bottom）

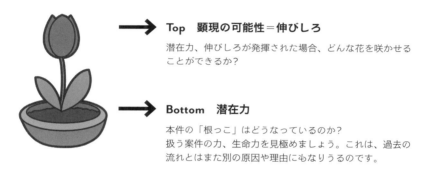

Top　顕現の可能性＝伸びしろ
潜在力、伸びしろが発揮された場合、どんな花を咲かせることができるか？

Bottom　潜在力
本件の「根っこ」はどうなっているのか？
扱う案件の力、生命力を見極めましょう。これは、過去の流れとはまた別の原因や理由にもなりうるのです。

「伸びしろ」「潜在力」の2点は使いこなすまで時間がかかる傾向がありますが、慣れてしまえば「迷ったときの現状位置確認」に雄弁な才を発揮してくれるのです。

たとえば前章**Trial 11**で取り上げた「結婚相談」はたくさん寄せられる案件です。結婚できないことを心底悩み、打開策を求めて相談に来る方も非常に多く、そういう方は命術でも異性と縁遠い座相を持っていることが出ていたりします。そういったケースをこの5枚クロス展開法でサポートする練習をしてみましょう。

第11章の **Trial 11**、Kさん（女性、34歳）からの相談を振り返って みましょう。

まったく恋愛経験がありません。これから結婚できるのか不安です。どう か結婚運を見てください。

　今回はKさんに強い結婚願望があるケースとして考えてみます。
　まずは5枚クロス展開法でKさんの現状位置確認に取り組んでみましょう。 この占的に対して、次の図のようなカードが出ました。

⑤「女教皇」

②「力」　　　①「運命の輪」　　③「隠者」

④「魔術師」

①**Kさんの現状**　恋に対する姿勢や 思い、置かれている状況は？
②**Kさんの過去**　Kさんが現状に至 るまでに恋愛経験がない理由は？ Kさんに恋に関して特別な出来事 があったのか？　それはどのよう なものか？
③**Kさんの今後**　向こう半年程度で 結婚に通じる変化、出会いや紹介 など発生するのか？
④**Kさんの潜在力**　Kさんの現状に ある潜在力は？　可能性は？　影 響しているものは？
⑤**Kさんの顕現の可能性＝伸びしろ** Kさんの今後は？　向こう半年程 度で結婚に通じる変化、出会いや 紹介などがあるのか？

　展開の楯列を潜在力→現状→伸びしろの順で、④→②→⑤と流して読んで みましょう。

④Kさんの潜在力　「魔術師」
キーワードは神業の芸当、ことば巧み、器用、道具、あざむく、本音と建て前

出会いから結婚への道のりは、知力を駆使して切り開くことができます。偶然に任せるだけでなく、操作して引き寄せる力があるとも言えるでしょう。まだ眠っている底力ですから、この力を意識的に発動させる必要があります。

②Kさんの現状　「運命の輪」
キーワードは流転、過渡期、危機的状況、宇宙の営み、意識の大改革

Kさん自身になす術のない危険な状態ですが、現状は刻々と変化していて、ここを転機にKさん自身も変わるのでしょう。

⑤Kさんの顕現の可能性＝伸びしろ　「女教皇」
キーワードは神聖、神秘、高潔、宇宙の律法書、古きよき伝統

精神愛により結婚への道が開かれると言えるでしょう。スピリチュアリティを共有できる相手に会ったり、精神年齢の高い人に対する敬愛が結婚したいという想いに変わるかもしれません。とても静かに、おごそかに愛をはぐくむ様子からは、相手が年長者である可能性なども考えられます。

あるいは、Kさんが歳を重ねて中高年の域に入ってから出会いがあったり、もしかしたら「生涯独身」の暗示かもしれません。

この3枚はあくまでも「現状位置確認」です。実際の鑑定ではここからが本題であり、さらに相談者の過去や思いについて触れながら、これらの可能性を実際に開花させ、成果を手にするための「切り札」の解釈へと移行するのです。

Trial

Trial 12……次の相談を読み、質問に答えましょう。

Lさん（女性、30歳、アパレルメイカー勤務）から
入社5年で、半年ほど前に異動があり、今は企画開発部でメールマガジンの作成などを担当しています。仕事はおもしろみもありますが、今の仕事にまだ少しなじめないのか、気持ちがスッキリしません。前の部署に戻りたいというわけでもないのです。それでも、このままでいいのかな、と考えてしまうことがあります。仕事のことを見てください。

　まだ具体的な質問が出てきておらず、Lさん自身に迷いがあり、気持ちを整理したい要素も大きいようです。「迷ったときの現状位置確認」として、クロス展開で多角的に占断してみることにしましょう。
　占的をよく読み、質問に答えてください。

Q1……展開の横列、Lさんの仕事について、②①③を中心に今後の流れを伝えてください。

Q2……展開の縦列、Lさんの仕事について、④①⑤を中心に、迷っているLさんにひとことアドバイスをしてください。

⑤

② ① ③

④

①**Lさんの現状** Lさんの現状は？ 置かれている状態は？ 「力」（逆位置）

②**Lさんの過去** 半年前に異動により仕事が変わったLさん。その時点でのLさん、
仕事に対するスタンスは？ 「吊された男」

③**Lさんの今後** Lさんの向こうるか月程度先の状態は？ 「恋人」（逆位置）

④**Lさんの潜在力** 現状の潜在力、不可視の要素は？ 「皇帝」（逆位置）

⑤**Lさんの顕現の可能性＝伸びしろ** Lさんの伸びしろは？ 「魔術師」（逆位置）

Answer & Point

Q1……解答例

　合わないと感じる部署に入り、Lさんの生きづらさが顕著になっていくようです。現時点で不仲になっている人もいるようで、人間関係のトラブルもはげしくなっていくかもしれません。担当している仕事について、Lさんの感性・センスの問題が浮上する可能性もあります。

Q1……解説

②　　　　　　　①　　　　　　　③

②Lさんの過去　「吊された男」

キーワードは心身ともに耐えがたい苦境、我が身をささげる、信念、ペンディング、視点を変える

　仕事が変わったことにより、一種ありのままの自分でいられなくなったLさんがうかがえます。合わない仕事、受け入れがたい職場のやり方など窮屈さを感じてきたようです。生活のための仕事であり、状況を受け入れざるを

得なかったようです。

①Lさんの現状　「力」（逆位置）
キーワードは剛毅、尊敬すべきリーダー、単純ではない力関係、自分との戦い、己を飼いならす

過去から続いている忍耐の限界を超えるところに来ていること、精神がもたない暗示です。尊敬できる上司がいない、パワハラなどの人間関係のトラブルが発生している可能性もあるでしょう。

③Lさんの今後　「恋人」（逆位置）
キーワードは恋する人、ときめき、感覚、出会い、縁、魅力、選択

ソリが合わない人とのトラブルの予感ですが、現状にすでに出ている問題がさらに複数の人を巻き込んでいく可能性などがうかがえます。仕事をするうえでセンス不足、発信力に難があるという問題が生じるということもあるでしょう。

Q2……解答例

Lさんが今の職場からドロップアウトする可能性がうかがえます。組織を変えることはできないという壁にぶつかったLさん。自身の感覚のままに、今の職場を立ち去るのもひとつの選択だという印象です。

Q2……解説

④Lさんの潜在力　「皇帝」（逆位置）
キーワードは統治、経歴、支配者、父親、男性的な力、紳士

男性的な力が不完全燃焼しているイメージです。馬車馬のように働かされている、ワンマンな上司の存在などが本件の根底に潜んでおり、Lさんの会

⑤

①

④

社の組織としての体質として出ている可能性もあるで
しょう。

①Lさんの現状　「力」（逆位置）

Q1 で触れた通り、過去から続いている忍耐の限界
を超えるところに来ていて、精神がもたない暗示です。
ついていくに値する上司がいない、パワハラなどの人
間関係のトラブルが発生している可能性もあるでしょ
う。

特定の人とのトラブルの可能性もありますし、Lさ
ん自身が自分に対してしびれを切らしているイメージ
でもあります。

⑤Lさんの顕現の可能性＝伸びしろ　「魔術師」（逆位置）

**キーワードは神業の芸当、ことば巧み、器用、道具、
あざむく、本音と建て前**

知恵を使って、問題を要領よく解決できない暗示。
意見を上申することや話し合いに困難があり、Lさん
にとっては組織を変えることはできないということに
なるのでしょう。人材を使いこなせない組織のあり方
もうかがえ知れます。

Bottom「皇帝（逆位置）」対Top「魔術師（逆位置）」
は、組織の中でよくある上役と若手の対立図のようで
もあります。

この展開の5枚の絵札に描かれている人物の頭がす
べて逆位置である中で、①過去「吊された男」だけが
正位置で、すべての札の頭と足の位置がそろっていま

す。Lさんの過去が肯定されているような出目も特徴的です。過去において
自分を見失い、今はまだ自分探しの最中だとも言えるのでしょう。

第13章 死

Death ／ La Mort ／ La Morte

1659年　J・ノブレ版

1718年　F・エリ版

ロ・スカラベオ社の
C・バーデル版

[絵柄のポイント]
うっすらと肉がついた骸骨が、鎌で刈り取り作業をしている様子。
まだ完全に白骨になっていないのが特徴的。

人生とは過酷なものです。誰もが時に瀕死の状態におちいり、象徴
的な死を味わうことがあるでしょう。そして私たちはただでは死な
ないのです。

───── 絵柄の解説 ─────

　マルセイユ・タロットのアルカナ13番は、他のアルカナと差別化され、当初はタイトル表記がない名なしでした。初めて「LA MORT（死）」とタイトルが表記されたのが「ノブレ版」だと伝えられています。一方で、「ドダル版」などでは伝統が引き継がれ、タイトルなしのままであるなど現代の各メイカーがこだわりを見せています。

　死と骸骨は、中世ヨーロッパそのものを象徴するイメージです。当時の人々はペストや梅毒などの感染症にかかればなす術はなく、身体が腐食し朽ち果てるのを待つことしかできませんでした。骸骨はシンボリズムにおいて、人の死後、最後に残るもの、物事の本質を象徴するものでもあります。

　恐ろしいイメージがつきまとう一方で、生きとし生けるものすべての定めであり、**自然の摂理**でもある死がここには描かれています。

　いくつかの版では黒々とした大地が際立っており、あらゆる人や物質からなる肥沃な腐葉土、地中に眠る創造的なマグマを表すものとされています。骸骨が自らの内なる墓場の底から、過去の遺物を拾い集めている図像だという説もあります。私たちもいつかこの黒い**大地に帰る**のです。死者にはこの地上を**肥やす**という役割がまだ残っているのです。

　地面には死者の手足や頭、さらにその頭に王冠が認められ、「王侯貴族でさえも抗しがたい死」が暗示されています。土に帰る者がいるからこそ、新たに地上に芽吹く者がいるという再生の概念が見てとれるでしょう。

　単なる「終わり」ではない「死」を表し、骸骨が彩色されています。「ノブレ版」では上半身の右側が「空色」です。空色は海の色、聖母マリアと、その精神の受肉をも表すものです。「カモワン版」の明るい青は天の属性、濃い青は地の属性が対応されており、崇高な死、大地から再生するものの含

みを見て取ることができます。

　あなたの命をどう使うか？　死の危険もいとわず、目的を持って命を燃やすような生き方があるものです。この札が、あなたが**命がけ**で取り組むべきときを教えてくれるでしょう。

　生命の誕生が春の芽吹きの時期にシンボライズされるなら、死は**不毛**、冬の時期に相当します。それでも、春に芽吹く植物の種子はその厳しい冬にあってすでに地中で呼吸を始めているのです。

☞キーワードで絵柄チェック

□**自然の摂理**

□**大地に帰る**

□**肥やす**

□**命がけ**

□**不毛**

＊不明なものは、「絵柄の解説」の太字に戻って確認しましょう。

1 枚 で 解 釈 し て み よ う

最大公約数的な解釈から公倍数的な解釈へ

---ピンチをチャンスに変える切り札として---

何ごとにも寿命があることを受け入れましょう。ピリオドを打つ、止める、終わる、別れる……それが今求められています。そのうえで、いずれ来る最期の時に悔いを残さぬよう命の限り生きましょう。

ケース別 キーワードから逆位置まで

愛のカギ

白紙に戻す、節目をつくる、絶縁する、命がけ、白黒をはっきりさせる

ビジネス、スタディの指針

リセットする、全財産を投げ打つ、潔い決断、閉店

健康の幸運Tips

何がしかを断つ、遺伝的な要素に注意、自然の摂理を受け入れる

今後の成り行き

自然消滅、無になる、死活問題にぶつかる、関係が絶たれる、生き直す

逆位置ではここに注意

やみくもに死を回避する、ただ生きながらえる、熟成が必要

読み解きレッスン Hop・Step・Jump

「6枚クロス展開法」を攻略しよう

Hop　前章で取り上げた「5枚クロス展開法」は「現状位置確認」に重きが置かれ、アドバイスや対応策となる切り札を出しませんので、解決策や指針となるカギは、相談者と鑑定師が一体になって話し合いつむぎ出すことになります。

　Trial 12 では、「今の職場を立ち去る」可能性を相談者のLさんに伝え、Lさん自身が受け入れるのなら鑑定は成立するのですが、仕事をやめるという重要な決断をすぐにはできないと相談者が迷うこともよくあります。
　そこで占師は、重要な決断の後押しになる切り札を引くことにもなるでしょう。必要に応じて、5枚クロス展開法の後に、改めて別途切り札をくり出す手法「6枚クロス展開法」を見ていきましょう。

　第12章の **Trial 12**、Lさん（女性、30歳）からの相談を振り返ってみましょう。

　入社5年で、半年ほど前に異動がありました。仕事はおもしろみもありますが、今の仕事にまだ少しなじめないのか、気持ちがスッキリしません。前の部署に戻りたいというわけでもないのです。仕事のことを見てください。

　今回はLさんに今の仕事に悩みはあるが、やめたいとは思っていないケースとして考えてみます。**Trial 12** でLさんには下記のアドバイスを伝えました。
　「Lさんが今の職場からドロップアウトする可能性がうかがえます。ご自身の感覚のままに、今の職場を立ち去るのもひとつだという印象です」
　するとLさんから「あこがれて入社してみたものの、古い企業体制につい

ていけない気持ちでいっぱいです。でも踏ん切りがつきません。私はどうしたらよいでしょうか?」と、さらなる質問が出てきたと想定しましょう。

　Lさんの切り札を1枚出して、前章の5枚クロス展開に加えて、迷えるLさんに取るべき行動をアドバイスしてみましょう。

Step　22枚の大アルカナから、「5枚クロス展開法」をくり出した後に、残った17枚のアルカナを取り出します。改めてシャッフル・カットして、そこから6枚目の切り札を一枚引きします。

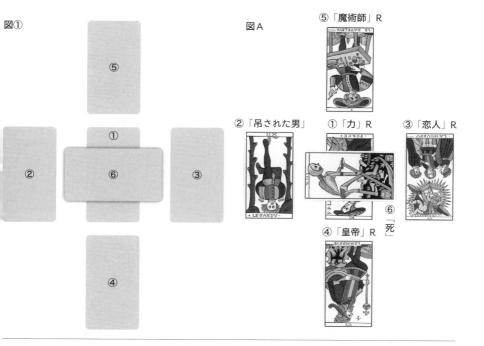

最初にくり出した「5枚クロス展開法」に、6枚目の⑥「切り札」を、①「現状」にクロスさせて上図のように置くのも一体感が出てよいでしょう。
Lさんのケースで、たとえば切り札に「死」が出たとした場合、図Aのようになります。

Jump 最初から、切り札を含めた6枚をくり出すのもひとつの手です。これが「6枚クロス展開法」となります。

相談者が特に「自分がどうするべきか?」といった心の持ち方や、方向性を知りたい場合などは、こちらの図②がおすすめです。

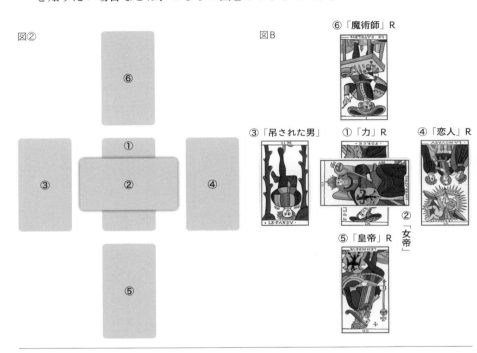

こちらは最初から6枚で展開した場合です。「2枚クロス展開法」(第10章参照のこと)の応用形とも言える形になっています。「切り札」を後出しする形で5枚クロスに1枚プラスして6枚の展開にするパターンが157ページの図①、最初から切り札を含めて6枚で展開するパターンが図②です。いずれにしても展開方法は、占的を決める際にあらかじめ決定しておきましょう。

　ではこの「6枚クロス展開法」で、Lさんの相談を占ったとしましょう。展開が図Bだった場合、あなたは迷えるLさんに何とアドバイスしますか。

②切り札　「女帝」
キーワードは母親、女性、経済力、循環させる力、生きることを満喫する、見守り

　どっしり構えて、風向きが変わるのを少し待ってみましょう。組織が人を育てるとよく言われますが、今回はその逆で、今回はLさんが組織すなわち上司や同僚たちを育て、導く気持ちで接する必要があるようです。Lさんにそれができるという暗示の「女帝」でもあります。幸い給与への不満はないように見受けられます。自身の生活を守り、今は蓄えを増やしましょう。

　Trial 12の5枚クロスの解釈（148〜151ページ）では、過去から現状、現状にひそむ潜在力から顕現の可能性、今後の成り行きまで、様々なマイナス要素を解釈することができ、相談者は会社を去る可能性が高い、という結論に達しています。
　その状況でさえも好転させるカギ、これがタロット展開における「切り札」です。

　図①と図②とではタロットをくり出す順番が異なりますが、①〜⑥の札の配置や置き方の順序よりも、「どの札で何を読むか」を徹底してください。これがブレないことが最重要事項です。極端ですがたとえば、②を「切り札」ではなく「過去」と設定してくり出したのなら、「過去」を読み取ればよく、「どうするべきなのか？」というアドバイスは、その展開中の「切り札」から読み取る、それが重要です。

Trial

Trial 13……次の相談を読み、質問に答えましょう。

Mさん（男性、48歳、運送会社勤務）から
勤続10年の勤務先ですが、残業代なども支給されないブラック企業です。最近社長が30代の息子に椅子をゆずり、新社長体制になるなか、私のような中高年の社員のリストラの可能性が出てきました。私は昨日対物事故を起こしてしまい、次に事故を起こしたら後がないと新社長から言い渡されてしまったのです。また事故を起こさないか不安です。いっそもうこんな会社はやめてしまったほうがよいかとも。どうしたらよいでしょうか？

「現状位置確認」と方向性を確立するための切り札も加えた「6枚クロス展開法」で相談を受けてみましょう。

Q1……展開の横列、Mさんの仕事について③①④を中心に、今後の流れを読み解きましょう。

Q2……展開の縦列、Mさんの仕事について⑤①⑥を中心に、潜在性や顕現の可能性を読み解きましょう。

Q3……Q1、Q2を踏まえて切り札②から、迷っているMさんに、あなたはどんなアドバイスができますか？

①Mさんの**現状** Mさんの現状は？ 置かれている状況は？ 「隠者」（逆位置）

②Mさんの**切り札** 「会社をやめるか否か」を含め現時点での心の持ち方や行動の指針 「皇帝」

③Mさんの**過去** Mさんの勤続10年という過去を1枚の札に象徴させる「死」（逆位置）

④Mさんの**今後** Mさんの向こう3か月程度先は？ 「魔術師」

⑤Mさんの**現状にある潜在力** 「女教皇」

⑥Mさんの**顕現の可能性＝伸びしろ** 「女帝」

Answer & Point

Q1……解答例

　現状のMさんの職場では、誰が先にリストラされるかと皆で探りを入れ合うような殺伐としたムードがただよっていそうです。今後、新社長によって会社の体制が変わり、若い社員が増やされていく可能性があります。Mさんもそのムードにうまく合わせて、要領よく働いていけるかもしれません。一方で、Mさんがこの会社から離れて新しく一から仕事探しを始める可能性も見てとることができます。

Q1……解説

③　　　　　①　　　　　④

③Mさんの過去　「死」（逆位置）
キーワードは自然の摂理、大地に帰る、肥やす、命がけ、不毛
　この10年という月日は、Mさんの「こやし」になりきれていないようです。骸骨が過去を向いているようにも見受けられ、やはりこの会社に入社する以前のもっとさかのぼった時分のことも、現状には影響しているようです。

①Mさんの現状　「隠者」（逆位置）
キーワードは隠遁、求道、禁欲、悟り、難行苦行
　孤独感が際立ち、いづらくなっているMさんの弱い立場に、追い打ちがかかるように攻撃を受けているかのようです。この状況を作り出している会社のあり方にも一考の余地がありそうです。

④Mさんの今後　「魔術師」
キーワードは神業の芸当、ことば巧み、器用、道具、あざむく、本音と建前
　人為的な操作が働き、職場は刷新されていくでしょう。

①からの流れではこの職場を離れ新しく仕事を探すというＭさんの変化だと解釈できなくもありません。

今の職場にいつづけられるのか、離れていくことになるのかは重要なポイントなので、周囲のカードも読み解き、占断をしぼりこみます。

現状に潜むものと伸びしろを見ていきましょう。

Q2……解答例

Ｍさんが今の職場を去る可能性がうかがえます。組織を変えることはできないという壁にぶつかったＭさん。自分の感覚のままに、今の職場を立ち去るのもひとつの選択だという印象です。

⑤

Q2……解説

⑤Ｍさんの潜在力　「女教皇」

キーワードは神聖、神秘、高潔、宇宙の律法書、古きよき伝統

太古の人たちが尊んできた霊性、神仏を敬うような古きよき伝統の力が本件の底力なのです。現状ではＭさんがリストラされそう、また事故を起こしてしまいそうと不安がっていますが、物ごとの本質を見据える力が本件を支えています。

①

①Ｍさんの現状　「隠者」（逆位置）

キーワードは隠遁、求道、禁欲、悟り、難行苦行

Q1で読んだ通りですが、精神性の高い札が裏目に出ています。まるで頭をぶつけてしまいそうな「隠者」と「女教皇」。そうならないよう、現状を立て直

⑥

してもらいたいところです。

⑥Mさんの顕現の可能性　「女帝」

キーワードは母親、女性、経済力、循環させる力、生きることを満喫する、見守り

　仕事人間として労働力が先細っていくイメージの「隠者」（逆位置）とは裏腹に豊かなイメージですが、この可能性をはばむほどに現状にマイナス要素が働いています。潜在性の「女教皇」と併せると女性の力が影響しているようでもあります。場合によっては、これはMさんが現職場から退くことによって生じる女性の力ということもあるでしょう。

Q3……解答例

　果敢に戦いましょう。ブラック企業とも、新社長とも、そしてMさん自身の不安とも戦い、打ち勝つのです。まずは今の職場で実績を上げて、職場でベテランならではの地位を確立すること。まだまだ若い人たちと同等の成績を出せることを見せつけてください。家族の存在が、よいモティベーションにもなるはずです。

Q3……解説

②

②Mさんの切り札　「皇帝」

キーワードは統治、経歴、支配者、父親、男性的な力、紳士

　不安を抱えながら仕事をするなどもってのほか、という印象です。事故を起こさないか不安になるくらいなら、自己管理し、よき自分自身の指導者でありましょう。今の会社をどうしてもやめたいという気持ちなら、それを押

すのがこの「皇帝」でもあり、一方でまた、どうしても会社をやめたくない
なら、「社内のお父さん」的な立場をねらいつつ、新社長を導いていくこと
なのかもしれません。

　展開の中の「死」（逆位置）も特徴的でした。「過去」の位置に出ながら、
さらに過去を暗示する左側を向いており、まるでもっと過去へ行きたがって
いるようです。Ｍさんの問題は今に始まったことではなく、生来の性格や
生まれ育った環境に密接に関わってもいる様子で、たとえばここで転職して
も同じループが発生しそうなイメージです。

　切り札の解釈について、あくまでも一例を掲載しており、実際の鑑定では
角度を変えて多方面から解釈し、相談者に投げかけながら、占師と相談者と
で一体になって最終的な解釈にたどり着くのが常です。たったひとつの直球
的な解釈で済むということはまれですから、87～88ページのアドバイスの
変化のつけ方も参考に、他にどのような提案ができるかもチャレンジしてみ
てください。

第14章 節制

TEMPERANCE ╱ LA TEMPÉRANCE ╱ LA TEMPERANZA

1701年　J・ドダル版

1800年代後期
B=P・グリモー版

ロ・スカラベオ社の
C・バーデル版

［絵柄のポイント］

天使の姿をした女性が左右の手で2つの壺を持ち、水を移している。
女性の頭上には花が描かれている。

◆◆◆

死を乗り越えようと、人間が探し求めたのが不老不死の薬です。薬
を作り出そうと、失敗をくり返しながらもあの手この手の実験を重
ねてきた術師たちもいました。

166

───── 絵柄の解説 ─────

　中近世ヨーロッパの錬金術師は、金の生成とともに不死をもテーマにかかげ、薬の調合にも躍起になったことでしょう。錬金術とは、紀元前エジプト伝来の卑金属を金に変えようとする試みで、近代化学の基礎にもなったものです。とりわけ、フランスのニコラ・フラメル（Nicolas Flamel、1330年–1418年）の寓意画は、「ヴィヴル版」に影響を与えているものとしてタロット研究者の注目を集めています。

　この絵はよく、錬金術で異なる物質同士を混合させる作業に重ね合わせて解説されていますが、そのモデルは中世期以前から伝わる「**節制**の美徳の擬人像」に見出せます。それは「飲酒」についての説法を図像化したもので、人が左右それぞれの手でひとつずつ水差しを持ち、片方をもう片方に注ぎ込む姿で描かれ、「酒は水で割って薄めて飲むべし」という文字が併記されたものでした。節制はまた「**中庸の精神**」にも通じるものです。

　西洋人にとっては、壊れやすさに対する慎重な取り扱いを意味する**デリカシー**が、古くから尊いものとされてきました。デリケートな**天使のような所作**に、人間離れした言わば「天使のペルソナ」をかいま見たのでしょう。

　絵柄の天使について、「ノブレ版」では、神秘的上昇のシンボルである翼が強調されており、通常の能力の域を超え、潜在力をも発揮しはじめた人間なのだと述べられています。「ドダル版」では天使の胸が露出しています。天使は精霊であり、実体も性別もないというのが通説です。ここに描かれているのは天使化しつつある人間で、人間性の向上がテーマでもあるのです。

　天使の額の上に赤い花が見られますが、これは「第三の眼」であり、霊的視力として語られています。この天使のような霊力を兼ね備えた人間は、通常の人間には知覚できない事柄を感知できるのです。

　私たち誰もが時に行き過ぎたり、足りなかったりと、ちょうどよいあんばいにならないことがよくあります。頭では理解していてもそう器用には立ちまわれないもの。微妙なさじ加減に失敗し、生活の乱れや心身のアンバランスを引き起こすことなどはめずらしくないでしょう。そこであきらめずに何度も何度も**試行錯誤**をくり返し、徐々に変化を起こすことが求められるでしょう。

☞ キーワードで絵柄チェック

□ 節制

□ 中庸

□ デリカシー

□ 天使のような所作

□ 試行錯誤

＊不明なものは、「絵柄の解説」の太字に戻って確認しましょう。

１枚で解釈してみよう

最大公約数的な解釈から公倍数的な解釈へ

ピンチをチャンスに変える切り札として

何ごともさじ加減が大切です。少しずつ、徐々に進めましょう。中途半端と言われようが、軌道に乗るまで行きつ戻りつ、繊細なひと手間をはぶかないこと。これが人か天使かの分かれ道です。

ケース別　キーワードから逆位置まで

愛のカギ

つかず離れずの距離、さり気なく尽くす、微妙な関係を維持する

ビジネス、スタディの指針

折り合う、試作をくり返す、やりくりする、ひと手間かける、第三の選択を考え出す

健康の幸運Tips

自然の中で癒やされる、医療・福祉の制度を利用する、あいだを取る

今後の成り行き

微妙な綱渡り状態が続く、当たり前の幸福に気づく、過不足が調整される

逆位置ではここに注意

デリケートな部分ですれ違う、不経済、生活の乱れや心身のアンバランス

読み解きレッスン Hop・Step・Jump

「ペンタグラム展開法」＆最終札を攻略しよう

Hop　「ペンタグラム展開法」は、下記のように6枚の札を使って①～⑥の順番でペンタグラム（五芒星）をかたどります。最後に中央に1枚出す切り札が焦点となる展開法です。

これまで同様、占的を明確にしてからアルカナを展開してください。

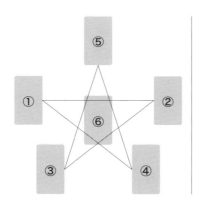

①相談者の現状
②相談者の今後
③相談者の持ち駒・足かせになるもの
④相談者の持ち駒・足かせになるもの
⑤相談者の切り札
⑥相談者の最終札

①～⑥について見ていきましょう。

①相談者の現状、②相談者の今後

③④相談者の持ち駒・足かせになるもの　長所、特性、特質、有利な点、相談者の性格傾向のみならず、現状で相談者が「生かせる、使いこなせる何らかの要素」を読み取りましょう。障害、欠点が出る場合もあるでしょう。

⑤相談者の切り札

⑥相談者の最終札　相談者が最終的に行きつくところです。あくまでもこの展開の中の着地点です。この展開の占的に対する「答え」でもあります。

　占的については、くり返しになりますが「一問一答」が基本です。これまで1枚について何を読むのか設定していたように、タロットを展開する際にも、**ひとつの展開について一問一答とし、何を問うのか決めること**。一回ごとにその展開で「誰のいつのことを占うのか」という占的を立ててください。「バレンタインにチョコを渡したら両想いになれますか?」「ここ数か月で自分から転職したほうがよいでしょうか?」など占いの的をしぼりましょう。その**占的に対する答えが展開の中の最終札です**。また別のことを問いたい場合は、改めて札をシャッフルして新しい展開に託すのが基本です。

Step　ひとつの展開につきひとつの占的をルールとして、相談内容が長く、多岐にわたる場合などはことさらに、問いをひとつに絞りながら複数の展開をくり出すことになります。

　こうしてくり出された最終札は、この展開の最重要ポイントとなり、展開の全容を1枚で物語るものとなります。

　ペンタグラム展開は、五芒星でかたどったひとつの「絵画」ととらえることができます (図1)。その中央部に出るアルカナは最も時間を割いて解釈されるべきでしょう。

図1　ペンタグラム (五芒星)
　　　における最終札

　実際に前章の **Trial 13**、Mさんの相談を、この「ペンタグラム展開法」で占断してみましょう。

　運送業の仕事をしていますが、勤務先はブラック企業でひどいところです。新体制になるなか、リストラの可能性が出てきました。また、昨日対物事故を起こしてしまい、次に事故を起こしたら後がないと新社長から宣言されてしまったのです。また事故を起こさないか不安です。いっそもうこんな会社はやめてしまったほうがよいかとも……どうしたらよいでしょうか?

　個人の性格傾向や適職は命術により導き出すものですが、どうしても命術のみでは足りない部分が生じます。命術の限界をサポートする卜術としても、この展開法は大いに活用できます。

 Ｍさんの相談について、「ペンタグラム展開法」で鑑定してみましょう。

　この展開の占的は「**Ｍさんのこの職場での適性は?**」としましょう。現在の職場に限って、Ｍさんの向き不向きを占断するのです。

　タロットの展開と占的詳細は次の通りです。

①Ｍさんの現状　「皇帝」
②Ｍさん今後（向こう3か月程度）は?
　「運命の輪」
③Ｍさんの持ち駒・足かせになるもの
　「女教皇」（逆位置）
④Ｍさんの持ち駒・足かせになるもの
　「隠者」
⑤Ｍさんの切り札　「死」（逆位置）
⑥Ｍさんの最終札＝「Ｍさんのこの職
　場での適性は?」「節制」（逆位置）

それでは、中央の札から読み解いてみましょう。

あらかじめ、札の正位置、逆位置で判断すると決めておく、というやり方もビギナーにおすすめです。正位置は「適性あり」、逆位置なら「適正なし」として、絵柄からその内容や特徴を読み解きましょう。

⑥Mさんの最終札＝「Mさんのこの職場での適性は？」「節制」（逆位置）

キーワードは節制、中庸、デリカシー、天使のような所作、試行錯誤

たとえば正位置なら、Mさんなりに微調整しながら新会社にどうにか適応できる様子を読み取ることができます。これが逆位置ですから、Mさんに求められているもの、欠けているものとして繊細な調整力が出ているか、そういった調整力が現職場では役に立たなくなっている可能性がうかがえ、どちらかと言えば今の職場には向いていない印象です。

ペンタグラムの中央にあるこの「節制」（逆位置）は致命的なのでしょうか？　周囲の札がこれを強めたり、弱めたりする要素となりますので、一巡していきます。

①Mさんの現状　「皇帝」

キーワードは統治、経歴、支配者、父親、男性的な力、紳士

統治者の世代交代があり、新社長に対して従業員として戦いをくり広げており、まさに職場は戦場。Mさんにとっては生き残りをかけた戦いになっているようです。

②Mさんの今後　「運命の輪」

キーワードは流転、過渡期、危機的状況、宇宙の営み、意識の大改革

ピンチを迎える可能性があります。次に事故を起こしたら後がないと新社長から宣言されたことが気になります。Mさんが何かをしでかすというより、コントロールが効かない状況に流されていく要素が強いようで、もらい事故

などが心配です。

　この展開から現状を打開していくカギを探し出します。
　Mさんの持ち駒や足かせを見てみましょう。

③Mさんの持ち駒・足かせになるもの　「女教皇」（逆位置）
キーワードは神聖、神秘、高潔、宇宙の律法書、古きよき伝統
　たとえば正位置なら、持ち駒として「礼節をわきまえた冷静沈着さ」など
を解釈できます。Mさんなりに微調整しながら新会社にどうにか適応でき
る様子を読み取ることができます。これが逆位置ですから、神経質さ、融通
がきかないところなどが、職場で足かせとなる可能性があります。物事を深
く見つめるあまり立ち止まりがちな点には注意して、考えるより行動するこ
とを心がけましょう。

④Mさんの持ち駒・足かせになるもの　「隠者」
キーワードは隠遁、求道、禁欲、悟り、難行苦行
　深い話ができること、薄利で努力している様子が有利になるかもしれませ
ん。現状①の「皇帝」の激しい戦いの現場でも相手の裏をかくような手段に
生かせるかもしれません。しかし、向こう3か月が②「運命の輪」ですから、
事故には要注意です。運転中などは考えすぎることがないようにしたいとこ
ろです。

　ドライバー業という一種の肉体労働に、2枚の霊性を表す札自体が直結し
づらいところも考慮したアドバイスになっています。アルカナをよく見て、
相談者に必要だと思われる情報をていねいに伝えてください。
　持ち駒も足かせも人が兼ね備える背中合わせの長所と短所であり、1枚の
アルカナの正位置・逆位置に匹敵するところです。慣れてきたら正か逆かの
設定は取り払い、柔軟に読み解きましょう。

ここまでの流れを踏まえて、Mさんの切り札を見てみましょう。

⑤Mさんの切り札　「死」（逆位置）
キーワードは、自然の摂理、大地に帰る、肥やす、命がけ、不毛

正位置であれば、ブラック企業との決別という読みもありでしょうが、簡単にはやめることができないところが悩みのタネでもあります。

「前の社長はこうだった」という意識との決別を大きくうながします。新しい会社に入ったつもりで行動をシフトしましょう。事故を起こしてしまったらと心配するのではなく、事故は起こさないという意識を持つこと。運転中は人の生死にかかわっているのだという緊張感を持つことで、Mさんなら無事故無違反を達成できるはずです。トラブルとは無縁な存在という立ち位置を獲得して、これまでの社内でのMさんのイメージを払拭しましょう。

①現状「皇帝」、⑤切り札「死」（逆位置）の2枚が左＝過去を向き、積み重ねてきた経緯の重さを物語る一方で、③「女教皇」（逆位置）、⑥「節制」（逆位置）が④「隠者」を見つめています。厳しい案件で、リストラされるまで時間の問題だとも解釈できる一方で、持ち駒「隠者」が頼みの綱でもあるでしょう。このMさんの必死の取り組みが実れば、抜本的な改革の糸口が見えてくるかもしれません。まだ希望はあります。

この章からの**Trial**では、展開の中にまだ解説していないアルカナが出ていますが、キーワード等を参考に、相談にどう応えるかチャレンジしてみましょう。

Trial

Trial 14……次の相談を読み、質問に答えましょう。

Nさん（女性、44歳、フリーランサー）から

運転免許を取得することになりました。夫の仕事の都合で都心から離れた田舎に引っ越し、バスの本数も少なく、日常的な買い物などが負担になったからです。家族の送迎もできればと思っているのですが、運動神経には自信がなく、挫折せずに通い切れるかと家族みんなに心配されています。免許を取得できるかとても不安です。

　この展開では、Nさんの自動車運転免許取得の適性を含め、教習を受けて晴れて免許が取れるのかを占断します。タロットの展開と占的詳細は次の通りです。

Q1……Nさんに自動車運転の適性はありますか？

Q2……悩める今のNさんに、タロット占師としてアドバイスをしましょう。（150〜250字程度）

①Ｎさんの現状　「節制」（逆位置）

②Ｎさんの今後（向こう３か月程度で運転免許は取得できるか?）「魔術師」（逆位置）

③Ｎさんの持ち駒・足かせになるもの「力」

④Ｎさんの持ち駒・足かせになるもの「恋人」

⑤Ｎさんの切り札　「女帝」

⑥Ｎさんの最終札＝「Ｎさんの運転免許取得についての適性は?」「教皇」

Answer & Point

Q1……解答例

適性はあります。今後の成り行きにはいくぶん波風が感じられ、免許取得に３か月以上かかる可能性もありそうですから、Ｎさんはあせらずどっしり構えていきましょう。

Q1……解説

⑥Ｎさんの最終札　「教皇」

キーワードは健全、格式、道徳、忠告や助言、家と社会、医療

　Ｎさんに運転免許取得の適性はあるのかないのか、全体の様相をとらえましょう。

　教えを受け免許を取得することはできる適正があります。基本を守りながら安全走行するタイプとも言えるでしょう。

　左図のようにＮさん＝「教皇に学ぶ信徒」という見方もでき、「敬謙かつモラルに従いつつ」免許取得に至るイメージでもあります。

　教習所にもいろいろなスタイルがありますが、オーソドックスな公安委員会指定の教習所が適しているでしょう。

　⑥の左右の札から波風も感じられます。①、②の流れも読んでみましょう。

①Ｎさんの現状　「節制」（逆位置）
キーワードは節制、中庸、デリカシー、天使のような所作、試行錯誤

　自身でも向いていないという自覚があるように、なかなか柔軟さや機転をきかせた行動に出られないＮさんの様子が伝わってきます。

　車がないと不便な環境にあって、たとえば買い物にひんぱんに行けないためにレトルト食品の買いだめが多くなっているなどの不便さ、不健康さ、不経済な暮らしに甘んじている状態なども読み取ることができます。

②Ｎさんの今後（向こう３か月程度で免許は取得できるか？）**「魔術師」（逆位置）**
キーワードは神業の芸当、ことば巧み、器用、道具、あざむく、本音と建て前

　教科書通りに立ち回れないこともあるでしょう。３か月内に免許取得というわけにはいかない可能性があります。

Question!

「魔術師」（逆位置）は、「免許などの資格は取得できない」という解釈でいいのかな？

「この札が出たらこう解釈する」と決めたがるのは危険です。展開の中の1枚はすべて周囲の他の札と影響しあっています。そのときそのときの個別の占断が求められるのです。相談者が別の人なら、「魔術師」（逆位置）はまた別の意味を持つということになります。

Question!

占的が向こう「3か月程度で」になっているから、言い方を変えれば、3か月後には免許取得の可能性が出てくるわけだよね？

相談者から求められれば、新たにそれを占的として別途占うべきところです。今回は、Nさんの適性も出ており、「3か月以上かかるが合格するだろう」と筆者は伝えます。占師にとって未知の世界で判断がつかない場合は、やはり改めて別途タロットを展開しましょう。

Q2……解答例

　人より時間をかけるつもりで、大らかな気持ちで免許取得を目指しましょう。教習所には若者が多いと思われますが、教習以外にも彼らと会話をしてみるのもよさそうです。卑屈になる必要はありませんが、年上のプライドをふりかざさないように注意しましょう。進んで触発され、エネルギーをたくさんもらってください。(146字)

Q2……解説

⑤Nさんの切り札　「女帝」
キーワードは母親、女性、経済力、循環させる力、生きることを満喫する、見守り

　自身にも家庭にも豊かさをもたらす技術を身につけ、その技術を生涯育てていきましょう。くじけそうなときは、家族みんなのために努力しているのだという思いに立ち返るとよさそうです。ときに教習所に対して不平不満も出てくるでしょうが、温かく見守ることです。

③Nさんの持ち駒・足かせになるもの　「力」
キーワードは剛毅、尊敬すべきリーダー、単純ではない力関係、自分との戦い、己を飼いならす

　Nさんは根気があり、また頑固でもありそうです。若者が多い教習所で、大人としてのプライドが邪魔をしないように、自制したいところです。

④Nさんの持ち駒・足かせになるもの　「恋人」
キーワードは恋する人、ときめき、感覚、出会い、縁、魅力、選択

　周囲に触発されるのかもしれません。車の運転がNさんにとっては案外魅力的なもの、フィーリングに合うもののようです。

第15章 悪魔

THE DEVIL ／ LE DIABLE ／ IL DIAVOLO

1600年代中期
J・ヴィヴル版

1700年代中期
ブザンソン版

ロ・スカラベオ社の
C・バーデル版

［**絵柄のポイント**］

魔物が腹に人の顔、手にはトーチ（松明）を持ち、
従僕2匹の首を縄でつないでいる。火を噴く怪獣も見られる。

**天使を目指すもしょせん人は動物。人間なら誰でもあらがうことが
難しい、「魔道」が人生にあることを、この札は伝えて出ます。**

絵柄の解説

　キリスト教の宗教画ではおなじみのサタン（＝反逆者、反キリスト）と同様の図像です。サタンは地獄の長で、救世主キリスト最大の敵です。絵画においては、人間と山羊や猛禽類が合体したおぞましい姿で描かれ、その腹部やひじやひざなどの関節部分に人面が描かれていることが多いようです。ペロリと舌を出している様子は、ヒンドゥー教の性と怒りの力を司る神カーリーにも似ています。この舌は食べる力、生きる力の強調であり、絵柄においても乳房と男性器両方が描かれていることから、**性の力**がテーマになっていることがわかります。

　下半身に獣性、上半身には人間の頭脳と知恵を宿しているこの魔物は、狡猾でたくみに人のスキをついて心と身体に入り込んでくるのが特徴です。ギリシア神話の酒神デュオニュソス（ローマ神話のバッカス）とその従僕である半人半獣の森の精サテュロスのようにも見えます。従僕たちの首はヒモでゆるやかにつながれ、それなりのきずなで結ばれている様子がうかがえます。

　この絵札のタイトルは「悪魔（デビル）」。神の使いが天使であり、サタンの従僕が悪魔ですから、考え方によってはサタンの支配のみならず、**支配されたがる**従僕のほうに焦点が当たっているのかもしれません。このアルカナに描かれた従僕たちは、喜んでサタンの拘束を受け入れています。サタンとの取引により得た**富や快楽**に酔いしれているのでしょう。

　いつの世においても、人はしばしば正攻法でないやり方でうまみを味わうことがあります。法に関わる人でも聖職者でも、**魔が差す**瞬間が人間なら誰にもあるものです。そんなことも伝える札です。

　「ノブレ版」では、この「悪魔」の力は、並外れた人の能力に通じるものだと語られています。**動物的な嗅覚や瞬発力**をどう使うかが問題なのでしょ

う。伝統的にはよく「魔性の魅力」などが解釈されたものです。

　このアルカナは人間の我欲に通じるものがある一方で、誰もに生まれ備わっている生き物としての本能的な欲求も表しています。その欲求が極端に強くなると、誰からどう思われようと構わないアウトローが、生死をかえりみず暴挙に出るか、社会で問題視されるような荒々しい野生児と化すでしょう。強い札として使い方には注意したいところです。

☞ キーワードで絵柄チェック

□性の力

□支配されたがる

□富や快楽

□魔が差す

□動物的な力

＊不明なものは、「絵柄の解説」の太字に戻って確認しましょう。

1 枚 で 解 釈 し て み よ う

最大公約数的な解釈から公倍数的な解釈へ

ピンチをチャンスに変える切り札として

正攻法ではないやり方をとってでも手段を選ばず、要領よく切り抜けること。そのうえで、時にすべてを承知で、動物的な本能で道を切り開くのも手ですが、法を犯さないよう注意しましょう。

ケース別 キーワードから逆位置まで

愛のカギ

装いや香りで気をひく、金品の力を借りる、身体だけの関係

ビジネス、スタディの指針

人寄せの誇大広告を打つ、「濡れ手であわ」を画策する、法の抜け道を利用する、忖度（そんたく）で便宜を図ってもらう

健康の幸運Tips

適度な飲酒、美食と散財でストレス解消、何ごとも常習性に注意

今後の成り行き

惰性で続く、人やモノに依存する、裏社会に関わる、自分にも他人にも向き合わない

逆位置ではここに注意

手段を選ばない、欲望の根源にあるもの、生死をかえりみない暴挙

読み解きレッスン Hop・Step・Jump

相談に応じて読み解き設定を変更する

Hop この章も「ペンタグラム展開法」で読み解きの練習です。ここでは「どこで何を読むか」の読み解き設定を相談内容に合わせて変更することに挑戦してみましょう。

たとえば相談内容に応じて、「ペンタグラム展開法」の基本の占的を下記のように変更することもあります。

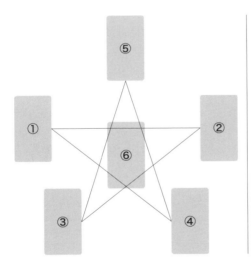

①相談者の現状
②相談者の今後
③相談者の対応策1
　逆位置ならウィークポイント1
④相談者の対応策2
　逆位置ならウィークポイント2
⑤相談者の伸びしろ
⑥相談者の現状、および占的（この展開の問い）に対する答え

①〜⑥まで順に見ていきましょう。

①→⑥→②の並びで、過去→現在→今後の流れを読み解きますが、ここは「スリーカード展開法」の応用とも言えます。

　前章では③④は「持ち駒」でした。背中合わせの長所と短所を読み解きましたが、ここでは③④の正位置を「対応策」、逆位置を「ウィークポイント」と設定しています。2枚くり出すことで、現状を打開する策を多く読み取れる展開です。あれこれ策を講じてでも乗り越えたいことがあるときなどに役立つでしょう。

　「クロス展開法」（142〜143ページ参照）の「現状」がどのように開花する可能性があるのか、⑤で「顕現の可能性」を読むスタイルを取り入れています。

　⑥は占的、つまりこの展開の問いに対する答えを読み解きます。ここは同時に「現状」も読み取る位置になっているのですが、あくまでも現時点での答えがここに見出せます。1人の人間の現状にどのような変化を起こせるか、あらゆる角度から検討しようというこの展開の意図を、大いに活用してください。

　それではこの展開法で相談を見てみましょう。

　前章の **Trial 14** に登場したNさんから、新たな相談が舞い込んだとしましょう。

Nさんから2回目の相談
運転免許を取得する件で、家から一番近い公認教習所へ入所しましたが、学科も実習も人の3倍の時間がかかっており、苦戦しています。さらに先日受付や指導員の対応をめぐってクレームを入れて険悪なムードになってしまいました。教習所を他に変えようか悩んでいます。

　壁にぶつかっているNさんの打開策を、先ほど仕立てた「ペンタグラム展開法」で考えていきたいと思います。

　占的は「Nさんは今の自動車教習所を変えるべきでしょうか？」として展開に問うてみましょう。

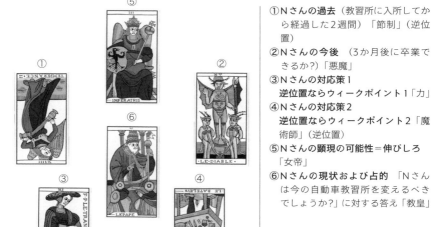

①Nさんの**過去**（教習所に入所してから経過した2週間）「節制」（逆位置）

②Nさんの**今後**（3か月後に卒業できるか?）「悪魔」

③Nさんの**対応策1**
逆位置ならウィークポイント1「力」

④Nさんの**対応策2**
逆位置ならウィークポイント2「魔術師」（逆位置）

⑤Nさんの**顕現の可能性**＝伸びしろ「女帝」

⑥Nさんの**現状および占的**「Nさんは今の自動車教習所を変えるべきでしょうか?」に対する答え「教皇」

Jump 　ペンタグラムの中央部から読み解いてみましょう。

⑥Nさんの現状および占的「Nさんは今の自動車教習所を変えるべきでしょうか?」
＝「教皇」

キーワードは健全、格式、道徳、忠告や助言、家と社会、医療

　Nさんが今の教習所を変えるべきか否かの指針がここに示されています。YESかNOかだけではなく、Nさんがどのような方向性、どのような心構えで動いていくべきなのかを絵柄から読み取ります。

　「教習所を変える姿」には見えません。引き続き、謙虚に学び続けましょうとうながされているかのようです。

　ただし現実問題、Nさんは可能性を感じていませんので、⑥の根拠となる情報をNさんに伝えていく必要があります。

①→②の並びで、過去→今後の時系列を読み解きます。

①Nさんの過去（教習所に入所して以来の2週間）「節制」（逆位置）

キーワードは節制、中庸、デリカシー、天使のような所作、試行錯誤

　教習ではどこか手荒でおおざっぱな様子や、受付とのやりとりなどでは、コミュニケーションのさじ加減ができないNさんの様子が見て取れます。

①Nさんの今後（3か月後に卒業できるか?）「悪魔」

キーワードは性の力、支配されたがる、富や快楽、魔が差す、動物的な力

　ずるずると教習期間が延びていく可能性がうかがえます。今回クレームを入れたことによって険悪になっている状態を受けると、それが重なり「モンスター教習生」と化してしまうことなども読み取れます。教習生というより「お客様」として大切にされているNさんのようでもあり、やめていくようには見受けられません。

　ケースが異なれば、あまり難しくない資格試験で、適度にやっていても合格できるという解釈でもよさそうです。

　ただし、現状ですでにNさんが今の場所に相当嫌気がさしている場合、その気持ちのままやめて別の場所へ移ることに金銭を費やす、という解釈にもなるでしょう。

③Nさんの対応策1／逆位置ならウィークポイント1　「力」

キーワードは剛毅、尊敬すべきリーダー、単純ではない力関係、自分との戦い、己を飼いならす

　ここは自分との戦いです。感情を抑えましょう。クレームをつけて相手を変えるのではなく、変わるように導く必要があります。穏やかな人は、周囲からも穏やかに扱われるということもあるでしょう。

④Nさんの対応策2／逆位置ならウィークポイント2　「魔術師」（逆位置）

キーワードは神業の芸当、ことば巧み、器用、道具、あざむく、本音と建

て前

　受付に苦情を言いに行くのではなく、何かのついでに軽く提案してみるなど、ことばの使い方や伝えるタイミングなどに工夫が必要です。教習のムードや内容も「ことばひとつ」で変わってきそうです。

⑤Ｎさんの顕現の可能性「女帝」

キーワードは母親、女性、経済力、循環させる力、生きることを満喫する、見守り

　豊かな伸びしろを持っているＮさんです。家族にとって頼りになるドライバーへと成長し、家族の皆に豊かさと実りをもたらすことでしょう。

Trial

Trial 15……次の相談を読み、質問に答えましょう。

Ｏさん（女性、67歳、主婦）から

一人息子（40歳）が未だに独身です。まじめでおとなしく、あまり人づきあいが活発ではないほうですから、結婚は遅いだろうと思っていましたが、もう無理でしょうか？　私と夫がもっと縁談を探したり、積極的に動けば変わってくるでしょうか？

　占的を「Ｏさんの息子さんにとって結婚とは何なのか？」として、Ｏさんの息子さんの結婚を「ペンタグラム展開法」で読み解いてみましょう。

　展開の中には、まだ解説していないアルカナも登場していますが、各章を参考にしながら、リアルな展開の読み解きにチャレンジしてみてください。

Q1……Oさんの息子さんに結婚の可能性はあるでしょうか？

Q2……悩める今のOさんに、タロット占師としてアドバイスをしましょう。（150～250字程度）

⑤

①

②

⑥

③

④

①Oさんの息子さんの過去（異性関係などは？）「悪魔」（逆位置）

②Oさんの息子さんの今後（1年程度で出会いがあるか？　異性関係の変化は？）「皇帝」（逆位置）

③Oさんの息子さんの対応策1　逆位置ならウィークポイント1「世界」（逆位置）

④Oさんの息子さんの対応策2　逆位置ならウィークポイント2「戦車」

⑤Oさんの息子さんの顕現の可能性＝伸びしろ（結婚についての可能性）「愚者」（逆位置）

⑥Oさんの息子さんの現状、および占的（この展開の問い）＝「Oさんの息子さんにとって結婚とは何なのか？」に対する答え　「太陽」

Answer & Point

Q1……解答例

　結婚の可能性がしっかり出ている一方で、本人自身がそれを望み、求めて動いてはいない暗示も出ており、微妙なところとなります。

Q2……解答例

　Oさんの考えとは異なる、息子さんなりの結婚の形があることを、タロットは伝えてくれています。息子さんからすれば、できないのではなく、しないだけなのかもしれませんし、できない可能性も受け止めています。出目は非常に明るい印象です。ここは彼に一任し、見守る人に徹しましょう。いざというときの瞬発力が大切になりそうですので、息子さんには何か心と身体を鍛えるような趣味やスポーツなどの機会を持ってもらえるとよさそうです。いっしょに楽しみながら、応援するというスタイルではいかがでしょうか。
（238字）

Q1・Q2……解説

⑥Oさんの息子さんの現状、および占的「Oさんの息子さんにとって結婚とは何なのか？」に対する答え　「太陽」…234ページ

キーワードは日々の幸せ、ボディ（肉体）、活力、明るく健やか、人とつながる、友愛

　Oさんの息子さんにとって結婚とは友愛の延長にあるもののようです。周りの人がセッティングするのではなく、自然に出会うことから始まる流れが理想的なのかもしれません。

⑤Oさんの息子さんの伸びしろ　「愚者」（逆位置）…274ページ

キーワードは放浪者、魂、輪廻転生、その日暮らし、人の世話になる、ふらりと足を運ぶ

　この件については、息子さんの魂が入っていません。心・身体・魂が一体となってはじめて動きだすことがあり、これが正位置なら、魂のままに生涯の伴侶を探す旅におのずと出るのでしょう。

　抜け殻のようになってしまう可能性が心配ですが、誰にでもそのような時期があるものです。

時系列を追って、展開の①→②の流れを見てみましょう。

①〇さんの息子さんの過去「悪魔」（逆位置）
キーワードは性の力、支配されたがる、富や快楽、魔が差す、動物的な力
生涯の伴侶を探すという行動に制御がかかっているイメージです。息子さんの過去に何かショックなことがあったのか、あるいは、ノンセクシャルの可能性なども考えられます。〇さんの息子さんの何がしかのコンプレックスを感じるところですが、⑥に「太陽」が出ているからには、致命的ではないはずです。

②〇さんの息子さんの今後　「皇帝」（逆位置）
キーワードは統治、経歴、支配者、父親、男性的な力、紳士
結婚についてこのアルカナが出るのは吉兆で、前向きな暗示です。今後半年程度で、異性との出会いや交際の可能性が出てくる感じではありませんが、時間をかけてゆっくり自分なりのパートナー探しを始める可能性があります。

③〇さんの息子さんのウィークポイント　「世界」（逆位置）…260ページ
キーワードは最終地点、至高の領域、安定性と完全性、あらゆるものの一体化、不滅の力
完璧主義が壁になっている可能性がうかがえます。完全な相手との非の打ち所がない結婚などあり得ないことはわかっていて、妥協するぐらいなら生涯独身で構わないようなところもありそうです。

④〇さんの息子さんの対応策　「戦車」
キーワードはがむしゃら、挑戦、自我、最高の走り、ヒロイズム、心身のバランス
大事なときにすぐに行動に出る瞬発力があります。「この人！」という存在とめぐり会えたときにチャンスを逃さない心構えと行動力があれば大丈夫です。

第16章 神の家

THE HOUSE OF GOD ／ LA MAISON DIEU ／ LA CASA DEL

1600年代中期
J・ヴィヴル版

1659年 J・ノブレ版

ロ・スカラベオ社の
C・バーデル版

[絵柄のポイント]

円筒形の石造りの家の上部が破壊され、丸い火花が散る中で人が倒れている。
生命の樹を思わせるような絵柄もある。

これまで人間の様々な力に触れてきました。人間が総力を出し切っ
たとき、何ができ、何が生まれるのでしょうか?

194

───── 絵柄の解説 ─────

　いくつかの美術館が所蔵するこのアルカナのタイトルは「La Maison Dieu（神の家）」です。近年流通しているマルセイユ・タロットでタイトルが「The Tower（塔）」になっているものもありますが、メイカーがスタンダードなタイトルを振り当てただけなので、絵柄で判断するようにしましょう。

　神の家とは、人間と神との結合が果たされるための場所だとされています。私たちのあらゆる力が集結し、**人間が総力**をもってことに当たるのであれば、神との合一さえも果たせるのです。それは人間にとって**燃え上がるような体験**だと「ノブレ版」では解説されています。過去の経験や記憶が頭頂部から噴出したかと思うと、突然その配置を変えて、秩序を整え出し、やがて意味のある星座を形作るのだと、次なる「星」のアルカナにバトンが託されるかのように語られています。

　建物は落雷を受けて倒壊しているのではなく、建物を破壊するほどのエネルギーが人と神から発せられているということが、各版の解説書などに記されています。

　描かれている2人のうち、ひとりは建物の中に、もうひとりは外にいます。神との合一を果たした者がもはや人間ではなくなり建物から押し出されているのだとも、通りがかりざまに驚き転倒しているだけだとも言われています。

　神との合一により、ここで人は**自我の解体**を体験します。これ以降、人は変わり、動物の本能で、これまでとは違う自分を立ち上がらせるのです。過酷な道ですが、再建を果たせるのです。

　私たちは、人生で何度か、**全身全霊**で取り組まなければならないことに遭遇します。それは今ある現状が根底からくつがえるような出来事でもあるでしょう。**人生の山場**を迎えているということになるでしょう。

　シンボリズムにおいて、家は神聖な場所、文明の中心です。心理学的には、家の中で起こることは、私たち自身の中で起こることだとされています。

　神との結合を果たすにふさわしい家・住人なのかと問うかのように、このアルカナが出ることもあるでしょう。ひとりよがりに「解体」してしまった家や自我を持て余している可能性もあります。神との結合が日常的に発生することはそうありません。この札が逆位置で出ることを当然のこととして、日々人格の「土台作り」に努めることが大切なのかもしれません。

☞ キーワードで絵柄チェック

□ 人間の総力

□ 燃え上がるような体験

□ 自我の解体

□ 全身全霊

□ 人生の山場

＊不明なものは、「絵柄の解説」の太字に戻って確認しましょう。

1 枚 で 解 釈 し て み よ う

最大公約数的な解釈から公倍数的な解釈へ

ピンチをチャンスに変える切り札として

あなたの総力をもって全身全霊でことに当たりましょう。あなたの存在感が強くなるか、あなたが「解体」されるか、打撃と変化は避けられないかもしれませんが、偉業を成し遂げるのです。自分が壊れることも必要かもしれません。

ケース別　キーワードから逆位置まで

愛のカギ

いっしょに暮らしはじめる、一度別れてみる、人生をやり直すことで変化させる

ビジネス、スタディの指針

破天荒なアイデアを出す、倒産させて一から起業する、組織や業界の問題と戦う

健康の幸運Tips

生活の拠点を変える、物理的にも精神的にも自立する、ダメージに注意する

今後の成り行き

生活が一転する、心と身体もしくは経済的な激変、結婚・離婚・同棲・破局

逆位置ではここに注意

中味のないステイタス・シンボル、土台作りに努める、解体してしまった家や自我を持て余す

読み解きレッスン Hop・Step・Jump

七枚引きの「ヘキサグラム（六芒星）展開法」①

Hop　ペンタグラムからステップアップし、「ヘキサグラム展開法」に挑戦です。下記のように7枚の札を使って①〜⑥の順番で札を配置し、ヘキサグラム（六芒星）をかたどります。最後に中央に1枚出す切り札が焦点となる展開法です。

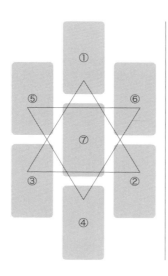

①相談者の過去
②相談者の現状
③相談者の今後
④相談者の切り札
⑤相談者を取り巻く環境
⑥相談者自身
⑦相談者の最終札

六芒星というひとつの曼荼羅の中央に位置するアルカナを中心に読み解くことになってきます。

　基本の占的①〜④はこれまでとさほど変わりませんが、より「状態」を深く読み込み、解釈するよう意識しましょう。

　①相談者の過去、②相談者の現状、③相談者の今後、④相談者の切り札に加え、「ヘキサグラム展開法」では、次の2枚を展開するのが特徴です。

⑤相談者を取り巻く環境　相談者が置かれている環境や人々その他。この章ではまず**周辺状況**を読み取ります。⑤と⑥とが①〜③の状態を作り上げているのです。相談者以外にも関係者がいればその人たちが出るでしょう。そういった特定の人物を解釈するケースもあります。

⑥相談者自身　相談者自身の姿。相談者自身のあり方、スタンス、立ち位置、余力などとともに、置かれている状況についてなど。これまでは「現状」「過去」「今後」などの札の中に見出してきたものを、別個に明確に読み分けることで、より具体的な情報を豊富に得ることができます。

⑦相談者の最終札　最終的に相談者が行きつくところです。前章の「ペンタグラム展開法」と同様に、どういった「答え」を読み取りたいのか、どんな「問い」を立てたいのか、つまり展開の占的になります。ブレないように明文化しておくとよいでしょう。

Step Trial 15のＯさんの相談を、この展開法で見てみましょう。

一人息子（40歳）が未だに独身です。結婚はもう無理でしょうか？　親としては結婚してほしいです。私と夫がもっと積極的に動けば変わってくるでしょうか？

前章とは視点を変えて、ここでは相談者であるＯさん自身をヘキサグラムに見立てて、アルカナを展開してみます。今のＯさんに何が必要で、何ができるのかなど、息子さんとのかかわり方も含めてタロットからメッセージを受け取ってみましょう。

今回の占的は「Ｏさんの人生とは何なのか？」にしてみましょう。

①○さんの過去 「吊された男」
②○さんの現状 「運命の輪」（逆位置）
③○さんの今後 「恋人」
④○さんの切り札 「正義」
⑤○さんを取り巻く環境 「神の家」（逆位置）
⑥○さん自身 「教皇」（逆位置）
⑦○さんの最終札＝この展開の占的「○さんの
　人生とは何なのか？」の答え 「女帝」

Jump この展開の主役⑥○さんから解釈してみましょう。

⑥○さん自身 「教皇」（逆位置）

キーワードは健全、格式、道徳、忠告や助言、家と社会、医療

「家庭や結婚」という社会的な形に捕らわれすぎている○さんの姿を読み取ることができます。大事な我が子のためにと気負いすぎたり、「結婚さえできればそれでいい」ような考えになっていないか心配です。

⑤○さんを取り巻く環境 「神の家」（逆位置）

キーワードは人間の総力、燃え上がるような体験、自我の解体、全身全霊、人生の山場

　周囲の皆は、○さんどころではないのかもしれません。○さんとの関係において何か重要なものが欠落していそうでもあります。

　そんな○さんがこの周辺状況と相まって織りなす物語を、①過去→②現状→③今後の時間の経過から読み解きましょう。

①○さんの過去　「吊された男」
　キーワードは心身ともに耐えがたい苦境、我が身をささげる、信念、ペンディング、視点を変える
　子育てや夫を支えることに身をささげてきた○さんがうかがえます。家族のために自己を犠牲にすることで、○さん自身も変貌を遂げたことでしょう。

②○さんの現状　「運命の輪」（逆位置）
　キーワードは流転、過渡期、危機的状況、宇宙の営み、意識の大改革
　「まだお子さんは結婚しないの?」そんなことばが、○さんを傷つけているのかもしれません。この状況を変えるのは至難なようです。

③○さんの今後　「恋人」
　キーワードは恋する人、ときめき、感覚、出会い、縁、魅力、選択
　今はつらくとも、今後楽しいこともあるでしょう。趣味の世界で感性豊かにしていけそうです。

　さて、今回の占的「67歳○さんの人生とは?」を確認しましょう。

⑦○さんの最終札　「女帝」
　キーワードは母親、女性、経済力、循環させる力、生きることを満喫する、見守り
　○さんの人生は豊かなものです。子育ては終了している○さんですから、

これから新たな何かが○さんを導くことでしょう。

④○さんの切り札　「正義」
キーワードは法規、正当性、断ち切る、正義が問い直される、天の聖剣の出番

つき合う仲間をチェンジするときなのかもしれません。息子さんへの干渉も自身が意を決して、断ち切るべきなのかもしれません。

7枚の札全体から、総括的なアドバイスをしてみましょう。

○さんは母親ではなく、ひとりの人間として、自身の人生を充実させてみてください。それによって、息子さん自身が結婚や自分の家族を持つことを意識し、それに向かって動き出すような変化にも期待できるでしょう。しかし基本的に親子でも人生は別、結婚観はそれぞれです。

息子さんのことが気になるのは、今の人間関係のひずみの表れかもしれません。苦手なタイプとはしばらく距離を置いてもよさそうです。心弾む機会を作り、人生を楽しみましょう。

いかがでしょうか？　同じ相談者の相談でも、このように占的や展開法を変えていろいろな角度から向き合い、問題の核心が徐々に浮き彫りになってくるような流れが理想的でしょう。

Trial

Trial 16……次の相談を読み、質問に答えましょう。

Pさん（46歳、女性、会社員）から
今の会社に入り2か月が経過しました。しかし、直属の上司にあたる女性

のハラスメント（暴言、仕事を教えない・回さないなど）がひどく、職場全体のムードも険悪です。辞職を考えていますが、やめずにこのまま努力すべきかとも悩んでいます。

　Pさんの相談を「ヘキサグラム展開法」で読み解いてみましょう。展開の占的は「Pさんと今の職場との縁はどのようなものでしょうか？」としてみます。

Q……悩めるPさんに、切り札を中心にアドバイスを伝えてください。
（150〜250字程度）

①Pさんの**過去**　「神の家」
②Pさんの**現状**　「運命の輪」
③Pさんの**今後**（向こう3か月程度）「皇帝」
④Pさんの**切り札**　「節制」
⑤Pさんを**取り巻く環境**　「死」
⑥Pさん**自身**　「月」
⑦Pさんの**最終札**＝この展開の占的「Pさんと今の職場との縁は？　どのようなものか？」の答え　「世界」

Answer & Point

Q……解答例

　Pさんは、近いうちに会社をやめるようにうかがえます。勢いで辞職しないように心の準備をして、会社側と話し合い、おだやかに調整をつけながら自身に有利な退職につなげましょう。

　ハラスメントが原因でやめる際には、本人都合ではなく会社都合の退職が認められる場合もあるので、もしひどく体調を崩したといったことがあれば診断書を取って会社側に認めてもらうのもひとつでしょう。次は長く働けそうな場所を見極めていけるとよいですね。（204字）

Q……解説

　まず展開された7枚の札がすべて正位置で、すっきりとした印象です。

⑥Pさん自身　「月」…220ページ

キーワードは反射と反応、無意識、マインド（心）、月の周期、想像力、虚構

　Pさん自身が本件を深く思い悩み、本能的に危機感のようなものを覚えていたり、また、たとえば胃痛や不眠などの身体症状も出ていそうです。

⑤Pさんを取り巻く環境　「死」

キーワードは自然の摂理、大地に帰る、肥やす、命がけ、不毛

　人がいつかない暗いムード、職場の寒々しさが見て取れ、Pさんに寄り添ってくれる存在も皆無といった状況のようです。

　⑤、⑥がともに作り出している①過去、②現状、③今後の時系列を読み解きます。

①Pさんの過去　「神の家」

キーワードは人間の総力、燃え上がるような体験、自我の解体、全身全霊、人生の山場

前の職場でも自身が激変する事態があったようです。そこで、Pさんは「一皮むけた」ことでしょう。

②Pさんの現状　「運命の輪」

キーワードは流転、過渡期、危機的状況、宇宙の営み、意識の大改革

職場に慣れておらず、ミスもしやすく何かと目立つ存在になっていそうです。

③Pさんの今後　「皇帝」

キーワードは統治、経歴、支配者、父親、男性的な力、紳士

Pさんが力強く立ち上がり、強気な言動に出ていくようです。職場に不満や主張をぶつけて、辞職する可能性もあるでしょう。

⑦Pさんの最終札＝「Pさんと今の職場との縁」「世界」…260ページ

キーワードは最終地点、至高の領域、安定性と完全性、あらゆるものの一体化、不滅の力

Pさんと周辺状況とは出会うべくして出会い、一定期間の調和を果たす縁があるのでしょう。Pさんにとってこの職場はひとつのゴールであり、また次なるスタート地点です。

④Pさんの切り札　「節制」

キーワードは、節制、中庸、デリカシー、天使のような所作、試行錯誤。

Pさんが力強く立ち上がる可能性や、職場に不満や主張をぶつけて辞職するか、あるいは、直属の上司ではなく会社の上層部にかけ合うことなども解釈できます。

第17章 星

THE STAR ／ L'ÉTOILE ／ LA STELLE

1600年代中期
J・ヴィヴル版

1800年年代
B=P・グリモー版

ロ・スカラベオ社の
C・バーデル版

［絵柄のポイント］

裸婦が左右の手に水瓶を持ち、足元の泉に流し込んでいる。
その上部に星が輝いている。

「神の家」において神との合一を果たした人は強いエネルギーを放
ち、天空に大小様々な星の光を輝かせます。

──── 絵柄の解説 ────

　絵札に見られる大きな星は色違いの2つの八芒星が重なりあい、16の光線を放っています。その周辺に小さな色分けされた八芒星が7つあるのが多く見られる絵柄のパターンです。絵柄のモティーフは、古代メソポタミアのウル第三王朝の遺跡に見られる神々であるとも、当時のシュメール人にまつられていた豊饒の女神イナンナの星・金星であるとも言われてきました。

　現存する最古のタロットの「星」は、キリスト教における七美徳のひとつ「望徳（Hope）」の擬人像に似たもので、希望を抱くという行為が精神的な美徳として表されたものでした。事故や病苦、災難など、不幸な出来事に打ちのめされ、その絶望を乗り越えるにあたり、人には強靱な精神力が求められることになります。そして、希望を胸に立ち上がるごとにその人は磨かれ、人としての輝きを増すものなのです。

　アルカナ「力」が示す人間の精神力、剛毅は現実の生活を守るものでした。対して「星」は、人間の不可視の未来など目に見えぬ無形のあらゆるものにも意識を及ぼせる、より高度な精神性、すなわち**スピリット**を物語る札です。もはや肉体も金銭も物質も、形あるものは何ひとつ問題にはなりません。

　時に壊滅的な苦境に遭遇しようとも、人類はその都度「きっとできる」と根拠のない信念に基づき立ち上がってきました。私たち人間は、**内なる光明**という幸福の羅針盤を持って生まれた存在なのです。非科学的な力が私たち人類を導いてきたのです。

　「ノブレ版」では、描かれている若い女性が両性具有であることが明確に記されています。「ドダル版」では、女性の腹部のへそに目が描かれています。石工（メイソン）や石切り工（ストーンカッター）が言う「親方の目」とは、

腹で感じる極めて鋭敏な感覚です。彼らは、石の使い方が腹でわかるようになるよう教え込まれるのです。このアルカナはまさに、男としてでも女としてでも自在に仕事をこなせる才能、匠を表す札であり、「星」は、伝統的に**マスターピース**（最高傑作）の象徴だとも言われてきました。

　現実的な成果に結びつかないことを表す一面には注意が必要です。才能が金銭に結びつかないこと、独特過ぎるセンスで社会から逸脱してしまうこと、心が折れてゆがんだ光を放つ人、創造の源泉が枯渇した名ばかりの芸術家などを示すこともある札です。

☞キーワードで絵柄チェック

☐望徳

☐スピリット（高度な精神性）

☐内なる光明

☐匠

☐マスターピース

＊不明なものは、「絵柄の解説」の太字に戻って確認しましょう。

1 枚 で 解 釈 し て み よ う

最大公約数的な解釈から公倍数的な解釈へ

ピンチをチャンスに変える切り札として

目に見える現象にとらわれないでください。問題はモノやお金ではなく、あなたのスピリットにゆだねられているのです。芸術や思想・哲学の分野も重要です。そこから必ず道が開かれます。

ケース別　キーワードから逆位置まで

愛のカギ

どこまでも美しい愛を追求する、芸術が運ぶ縁、性差を乗り越えた愛し方

ビジネス、スタディの指針

裸一貫で始める、独自の光を放つ、アートの領域に力を入れる、SF・ファンタジーの分野へ

健康の幸運Tips

先々を案じるより現在を大切にする、環境美化と地球を守る意識を持つ、感動体験を増やす

今後の成り行き

信念を持って展望を見出す、人間の輝きに目覚める、芸術・創作活動に関わる、才能が必ずしも利益に結びつかない

逆位置ではここに注意

夢を食べて生きていけると思う、センスが浮いてしまう、倒錯した芸術や性が裏目に

読み解きレッスン Hop・Step・Jump

「ヘキサグラム展開法」②——特定の二者の関係性、2人の縁を読み解く

Hop　「ヘキサグラム展開法」で二者間の問題を見るレッスンです。これまでは相談者＝主役でしたが、相談者と同じレベルで影響力のある人物が存在する案件を占断してみましょう。下記の展開図において、⑤相談者が対する相手と⑥と相談者自身を設定します。

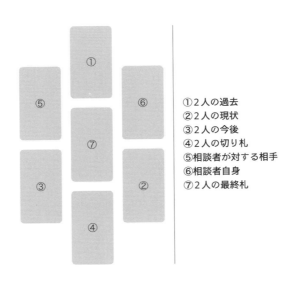

①2人の過去
②2人の現状
③2人の今後
④2人の切り札
⑤相談者が対する相手
⑥相談者自身
⑦2人の最終札

　①〜⑦を見ていきましょう。

　①2人の過去、②2人の現状、③2人の今後、④2人の切り札

　基本的に⑤と⑥の二者のもので、「調和のカギ」という表現にすることもあります。アドバイスを伝える際には場合によっては、「⑥相談者自身」のみならず、その場にいない「⑤相談者が対する相手」にも伝えてもらえるよ

う、⑤と⑥をともに誘導できるとよいでしょう。

　⑤相談者が対する相手　相談者に対して特定の人物をここに配置して、相談者と同じように、その姿、心情やスタンス、立ち位置を読み取ります。

　⑥相談者自身　相談者自身の姿、その心情やスタンス、立ち位置を見出します。

　⑤と⑥の二者の関係、どういうスタンスで向き合っているかという視点を大切にします。

　⑦2人の最終札　⑤と⑥の2人の縁や調和の形を読み取ります。2人の最終ゴールという考え方もよいでしょう。

　この展開では「④切り札」、つまり「どうするべきか」もしくは「⑦最終札」、つまり2人がどうなっていくかという今後の成り行きや可能性が多いでしょう。

Step　たとえば前章Trial 16のPさんの相談では、特定の上司との関係性に焦点を当てた鑑定を依頼されることもあるでしょう。たとえば次のような相談をされたとします。

　今の会社に入り2か月が経過しましたが、直属の上司にあたる女性のハラスメントがひどくなり、職場全体のムードも険悪です……私は上司と折り合っていけるでしょうか?

　Pさんと職場の上司という二者間の問題を「ヘキサグラム展開法」で見ていきましょう。占的は「Pさんが職場の上司と折り合えますか?」としましょう。

①Pさんと上司の**過去**（ここ2か月）「女教皇」
②Pさんと上司の**現状**　「神の家」
③Pさんと上司の**今後**（1か月程度先）「星」
④Pさんと上司の**切り札**（調和のカギ）「皇帝」
⑤上司　「死」（逆位置）
⑥Pさん**自身**　「運命の輪」
⑦Pさんと上司の**最終札**（2人の縁）「隠者」（逆位置）

 今回は最終札から読み解きましょう。順を追う流れをつかんでください。

⑦Pさんと上司の最終札（2人の縁）「隠者」（逆位置）
キーワードは隠遁、求道、禁欲、悟り、難行苦行

　Pさんと上司が折り合えるのか否か、その様相を絵柄からとらえましょう。
　相手との関係において、精神修行をするだけの価値を見出せないようです。自分を高めたり、問題を掘り下げようとせずに、おたがいに「**何を考えているのかわからない**」で済ませてしまうでしょう。

　そうなってしまう2人の札をひも解きましょう。

⑥Pさん自身　「運命の輪」

キーワードは流転、過渡期、危機的状況、宇宙の営み、意識の大改革

　Pさんは、ハラスメントを受ける人として職場で目立つ存在となっているようです。入社2か月のPさんが標的になっているのは一過性のことかもしれません。

⑥上司　「死」（逆位置）

キーワードは自然の摂理、大地に帰る、肥やす、命がけ、不毛

　厳しい姿勢でPさんを深く傷つけている様子です。Pさんに対して背を向ける「死」は過去を見ています。問題はPさんが入社するより前から発生していて、Pさんが個人攻撃を受けているわけではないのかもしれません。上司は、捨て身の言動を取っている可能性、プライベートな面で経済難、病人、けがなどの死活問題を抱えている可能性もあるでしょう。

　二者が作りだす①→②→③の時系列を物語ります。

①Pさんと上司の過去（ここ2か月）　「女教皇」

キーワードは神聖、神秘、高潔、宇宙の律法書、古きよき伝統

　人を寄せつけない静けさが感じられます。仕事以外の時間に発生するあたたかい人づき合いなどはなく、厳しく批判的なスタンスです。どちらも正しいと言えばそれなりに正しいのでしょう。

②Pさんと上司の現状　「神の家」

キーワードは人間の総力、燃え上がるような体験、自我の解体、全身全霊、人生の山場

　荒れ模様の関係性はクライマックスを迎えています。総力でことに当たることが求められており、心身ともに消耗している2人が心配です。

③Pさんと上司の今後（1か月程度先）「星」

キーワードは望徳、スピリット（高度な精神性）、内なる光明、匠（たくみ）、マスターピース

　2人が折り合うというより、おのおのが内面的に磨かれ、人としての輝きが増すという暗示でしょう。Pさんが晴れて上司との問題を克服するか、あるいはPさんか上司がこの職場から離れることだとも解釈できます。

　上司がいなくなり、澄み切った夜空に星が瞬く可能性をかいまみるところでもあります。

　Pさんに提案できる事柄を④から導き出しましょう。

④Pさんと上司の切り札（調和のカギ）「皇帝」

キーワードは統治、経歴、支配者、父親、男性的な力、紳士

　ここまでの流れから、調和というより、まず上司に引いてもらう策ということになるでしょう。職場で上司を問題視している人たちもいるようですから、皆で結束して、他所でもキャリアを積んできたPさんが代表となって、上申・告発することなども含めハラスメントに立ち向かっていきましょう。

　Pさんへのアドバイスをまとめましょう。

　Pさんが上司と折り合いをつけるのは難しいかもしれませんが、上司におとなしくなってもらうことは可能でしょう。上司を問題視する人たちといっしょに声を上げていきましょう。Pさんが先頭に立って、上司を問題視するのですが、個人攻撃をするのではなく、よりよい職場作りを目指して新しいルール作りを提案するなどのアクションを起こしてください。経歴に自信を持って、上司に取って代わるつもりで力強く動いてください。

Trial

Trial 17……次の相談を読み、質問に答えましょう。

Qさん（女性、34歳、クリエイター）から

結婚1年目ですが、夫の家族と合わず悩んでいます。夫の実家へ顔を出した後は、ほぼ毎回夫婦げんかとなり、離婚を考えます。夫の親兄弟たちはそろって高学歴・高収入で、ことあるごとにスペック自慢ばかりで、何のとりえもない私にとってはただのモラハラです。夫もスペックには自信がないタイプで、皆がいる場では肩身をせまくしている様子で、それもとてもいやなのです。価値観が大きく異なる一族とは別れるのなら早いほうが、と悩んでいます。

　Qさんの相談を「ヘキサグラム展開法」で読み解いてみましょう。

　占的は「Qさんと配偶者である彼との縁は?」として、すでに結婚している2人ですが、改めて、その色合いや形を見てみたいと思います。展開と占的詳細は次のとおりです。

Q1……Qさんと彼との間には、どのような縁が見いだせますか？

Q2……悩める今のQさんに対して、あなたからできるアドバイスは？
（150〜250字程度）

①2人の過去（出会いからこれまで）「星」
②2人の現状　「教皇」（逆位置）
③2人の今後（どのように変化するか）「死」
④2人の切り札　「正義」（逆位置）
⑤Qさんの配偶者　「太陽」
⑥Qさん自身　「力」
⑦2人の最終札（2人の縁）」「魔術師」

Answer & Point

Q1……解答例

スピリチュアルなきずなが強い2人です。形あるものは重視しないQさん

と彼ですから、愛さえあればそれでよく、おたがいがこの地上で見つけたかけがえのない光なのでしょう。強い縁があるからこそ、真剣に「別れ」を考える時期もあり、それを乗り越えられるかどうか、長い結婚生活において何度か決断の時を迎える2人でもあるようです。(156字)

<h2>Q2……解答例</h2>

離婚を考えるほど嫌な人たちとは無理につき合わず、しばらく彼の実家には行かないのもひとつの方法です。自分たちは自分たち、という考え方で、幸せになっていきましょう。

タロットは「誰も間違ってはいない」と伝えてくれています。

現状を問題視していない様子の彼ですが、純粋に人としてQさんを求めており、これが彼の長所や魅力でもありそうです。彼やその家族を拒絶するのではなく、これからそれぞれが成長し変化することで、今後受け入れ方にも変化がでることに希望を持ちましょう。(227字)

<h2>Q1・2……解説</h2>

⑦**2人の最終札**（2人の縁）　「魔術師」

キーワードは神業の芸当、ことば巧み、器用、道具、あざむく、本音と建て前

知恵と技術に恵まれるQさんと彼です。創意工夫を凝らしともに人生を歩んでいける2人、寄りそって生き抜く知恵をつちかえる縁を読み取ることができます。

いっしょになることで人間としてのスキルが豊かになり、新しい愛や結婚の形を確立できそうです。文化的な活動が増えたり、商才が目覚めるかもしれません。

2人のアルカナも同時に見極めます。

⑤相談者の配偶者　「太陽」…234ページ
キーワードは日々の幸せ、ボディ（肉体）、活力、明るく健やか、人とつながる、友愛

Ｑさんと手をつなぎたがっている素直な様子がうかがえます。明るく前向きな姿勢なのはいいのですが、現状を取り立てて問題視していないようでもあり、それがＱさんを失望させている一要因にも見受けられます。

⑥相談者自身　「力」
キーワードは剛毅、尊敬すべきリーダー、単純ではない力関係、自分との戦い、己を飼いならす

「別れ」が口から出てしまいますが、自身を制御しまだ踏ん張れる余力が感じられます。しかし、彼が現状を変えようとしないことに対する寂しさが感じられ、Ｑさんとしてはそのほうがつらいのでしょう。

　⑤彼、⑥Ｑさん、⑦２人の縁の三角形を見るに、スピリチュアルな縁を持ちながら、彼もＱさんも現実的な一面も持っていることがうかがえ、ここはバランスのよさが感じられます。

　そして、どんな男女にも波があります。２人の関係性を時系列で追ってみますと、①→②→③からは波乱も見受けられます。

①２人の過去（出会いからこれまで）　「星」
キーワードは望徳、スピリット（高度な精神性）、内なる光明、匠、マスターピース

感性で一致する芸術家のように、２人の間にあるのは精神的な光でした。結婚という現実についての取り組みはそれほどなかった様子もうかがえます。

②2人の現状　「教皇」(逆位置)

キーワードは健全、格式、道徳、忠告や助言、家と社会、医療

　結婚は、まだ家と家との結びつきという面もあり、家庭のあり方、育った環境や価値観がかみ合わず2人の関係が大きくゆらいでいる状態です。

　これを問題視しない⑤彼「太陽」とひとりで思い悩む⑥Qさん「力」の双方で作り上げている現状だという見方が重要です。

③2人の今後（どのように変化するか）**　「死」**

キーワードは自然の摂理、大地に帰る、肥やす、命がけ、不毛

　Qさんが夫婦関係を解消する可能性も読み取ることができます。あるいは、この問題自体が自然消滅するという解釈もできますが、いずれも向こう3か月で確定するようなことではないようです。

　③「死」と⑦「魔術師」が見つめ合う様子から、2人でいっしょに生まれ変わるための「死」、たとえば夫婦ゲンカの種になる彼の実家とのつき合いを断ち、2人の関係を築いていく、そんな可能性もあるでしょう。

　本件を好転させるカギが切り札が④です。

④2人の切り札　「正義」(逆位置)

キーワードは法規、正当性、断ち切る、正義が問い直される、天の聖剣の出番

　まず慎重になる必要があります。人にはそれぞれモラルや正義感があり、夫婦間でも不一致はあるものです。自分の意見を主張するだけでは、問題は解決しません。

　別れたり誰かが我慢したりするのではない、別の方法が示唆されているようです。

第18章 月

THE MOON ／ LA LUNE ／ LA LUNA

1659年　J・ノブレ版

1700年代中期
ブザンソン版

ロ・スカラベオ社の
C・バーデル版

［絵柄のポイント］

泉にザリガニが見られ、地上の生き物とエネルギーを
交換し合う月は擬人化され正面もしくは横から描かれている。

◆◆◆

　いよいよ人生の旅も終盤です。星の光を筆頭に、月、太陽と、旅は
次第に強まる光を通過する最終ステップに入っていきます。

─── 絵柄の解説 ───

　絵柄を見てみましょう。月に感化され吠える犬、川岸からはい上がるザリガニなど、地上の生き物たちに備わっている**反射と反応**が「月」には描かれています。

　一見すると月の涙のようなしずくですが、重力に逆らい上に向かっています。私たち地上の生き物と月は、エネルギーを交換し合う関係性にあるのです。

　初期のアルカナには夜空に浮かぶ月が擬人化されて正面から描かれており、「昼間の太陽」を思わせる図像です。太陽と同格かそれ以上に月を崇拝するという思想や宗派が、この絵柄の背景にある可能性なども探りたくなります。1709年の「マドニエ版」辺りから、横向きの月が見られるようになりました。

　絵札の上半分を占める月と、下半分を占める下界の対比が印象的な札です。生き物が生息する水辺の水位や潮の満ち引きは**月の周期**と連動しています。下部には犬が2匹と大きなザリガニがいる岩辺があり、周辺の建物、波打つ水の細かい筋に至るまで、この部分は時代を追っても、絵柄に変更が見受けられません。

　月は太陽光を反射して輝くもの。日ごとに変わる月の様相は、太陽との距離や角度によるもの、つまり太陽次第なのです。私たち人間も日々外部の刺激に反応し、反射的に動きを変えているものです。自分自身でさえ理解できない、奇妙でわかりにくい、合理性のない不可思議な動きを指摘してこの札が出ることがあります。

　人の心の働きは壮大です。夢や現実にないものまでも見ることもできる**無意識**をふくむ**マインド（心）**がこのアルカナの全容です。私たちを無自覚のままに突き動かす危険な領域を表しているのです。

　上澄の意識とは対照的に、無意識は混とんとした泥沼のようだとも言われます。そこから生まれでる**想像力**は芸術的な才能へも転じ、想像と**虚構**とは紙一重のものです。

　「カモワン版」では、月のしずくは人の夢や情念や想像力であり、月がこれを食べることによって運行するエネルギーを得ていると信じられていたことが語られています。

　心に背負った傷は意識の下へ下へと押しやられ、いつしか無意識に閉じ込められ、何かのきっかけで刺激を受けたときに、心と身体の不調を引き起こすことがあります。深層心理に自分自身というやっかいな敵がいるかもしれないことを改めて認識することにも通じていきます。

☞ キーワードで絵柄チェック

□ 反射と反応

□ 月の周期

□ 無意識

□ マインド（心）

□ 想像力

□ 虚構

＊不明なものは、「絵柄の解説」の太字に戻って確認しましょう。

1 枚 で 解 釈 し て み よ う

最大公約数的な解釈から公倍数的な解釈へ

ピンチをチャンスに変える切り札として

心の無意識の領域については、その心の持ち主でさえ扱うことが困難です。大切なことはそれを理解すること。悲しみも苦しみも、ただ抱きしめ、同じ人間どうし共有しましょう。

ケース別　キーワードから逆位置まで

愛のカギ

心安らぐ存在に、感情・周期・波を読む、人間の心理・生理を理解する、トラウマから生じている困難や壁

ビジネス、スタディの指針

涙を誘う作品作り、神秘性を強調する、心理テストやカウンセリングの導入

健康の幸運Tips

通院・静養する、わだかまりを受け入れる、生い立ちを振り返る

今後の成り行き

心の問題を背負い込む、憂いを帯びる展開に、心の交流が安定剤に

逆位置ではここに注意

不安と安心のくり返し、深層心理にひそむもの、心と身体の不調

読み解きレッスン Hop・Step・Jump

「ヘキサグラム展開法」の応用——難しいケース

Hop　「ヘキサグラム展開法」は中央の「⑦最終札」が決め手であり、こ
こに希望が感じられることが大切ですが、この1枚がすべてではあ
りませんので、周囲の札との兼ね合いで判断することに当初は難しさを感じ
ることもあるでしょう。

　ヘキサグラムとは「三角形と正三角形の融合」、すなわち「上なるものと
下なるものの美しき調和」でもありますから、下の図のように占的を立て、
「二者の調和について占う」ときも扱いやすくおすすめです。

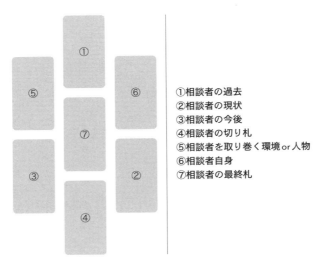

①相談者の過去
②相談者の現状
③相談者の今後
④相談者の切り札
⑤相談者を取り巻く環境or人物
⑥相談者自身
⑦相談者の最終札

　たとえば2人の男女が努力で調和できるのか、実らぬ仲なのか、実際の展
開を追いながら、見極めのポイントを紹介していきます。

①２人の過去（結婚からこれまで）「恋人」（逆位置）

②２人の現状　「節制」（逆位置）

③２人の今後（どのように変化するか？）「星」（逆位置）

④２人の切り札（本件について相談者へのアドバイス）「正義」（逆位置）

⑤相談者の配偶者　「吊された男」

⑥相談者自身　「神の家」（逆位置）

⑦２人の最終札（２人の縁・まだ努力で調和できるのか？）「魔術師」

上の図の展開で、前章の **Trial 17**、Ｑさんの相談を読み解いてみましょう。

結婚１年目ですが、夫の家族と合わず悩んでいます。夫の親兄弟たちはそろってステイタスを自慢し、モラハラにも感じられます。夫も肩身をせまくしている様子がとてもいやです。価値観が大きく異なる一族とは別れるのなら早いほうが、と悩んでいます。

「⑤Ｑさんと⑥配偶者である彼の２人は、まだ努力で調和できる縁があるのでしょうか？」を占的とします。

　中央の札が正位置で、周囲の札の大半が逆位置で出ている展開です。最終札は最後にし、解釈の幅を絞り込んで読んでみましょう。

 この展開の主人公、Qさんと配偶者の彼の二者から見極めていきましょう。

⑤相談者の夫　「吊された男」
キーワードは心身ともに耐えがたい苦境、我が身をささげる、信念、ペンディング、視点を変える

　彼なりにQさんに身を捧げ、本来の価値観を封じています。それだけQさんとの結婚生活を大切にしているのでしょう。

　仕事がハードで心身ともに余裕がなくつらい時期を過ごしているという可能性も読み取ることができます。

⑥相談者自身　「神の家」（逆位置）
キーワードは人間の総力、燃え上がるような体験、自我の解体、全身全霊、人生の山場

　人生最大の難事にあって強いダメージを受けています。

　Qさんが、彼以外のことで他に影響を受けていることなどはないかも確認したいところです。

　2人の関係性を、時系列で追ってみましょう。

①2人の過去（結婚からこれまで）「恋人」（逆位置）
キーワードは恋する人、ときめき、感覚、出会い、縁、魅力、選択

　感覚的なズレが生じ大きくなっていたようです。理屈ではなく「どうしても受け入れられない」と本人が感じてしまえば、大きな問題でしょう。

②2人の現状　「節制」（逆位置）

キーワードは節制、中庸、デリカシー、天使のような所作、試行錯誤

細かい所ですれちがいが続いて、気疲れしているＱさんと彼の姿そのものようです。これ以上先に進むには、2人が天使になるほどの努力が求められているのが現状のようです。

③2人の今後（どのように変化するか?）　「星」（逆位置）

キーワードは望徳、スピリット（高度な精神性）、内なる光明、匠（たくみ）、マスターピース

それぞれが発する光がパッとしません。おたがいの魅力が魅力でなくなり、色あせた関係と化し、惰性で夫婦を演じていくかのようです。クリエイターでもあるＱさんの仕事への影響も心配です。

2人の歯車がかみあわなくなっている様子です。打開策があるのか、④切り札を吟味しながら、最終札⑦を読み解いてみましょう。

④2人の切り札（本件について相談者へのアドバイス）　「正義」（逆位置）

キーワードは法規、正当性、断ち切る、正義が問い直される、天の聖剣の出番

Ｑさんにとってはあり得ない彼とその家族の価値観ですが、断罪すべきものではないようです。そこは天の裁量にまかせましょう。

彼をどうしても受け入れがたいとするなら、関係の解消もひとつの手段なのでしょう。

ただし、「正義」は逆位置です。Ｑさんがここで離婚してパートナーを変えたとしても、また同じ問題にぶつかる可能性なども読み取ることができるのです。

前章**Trial 17**でも切り札が「正義」（逆位置）でしたが、前章とは異なり、

ここではほぼ離婚を実行に移すようにというアドバイスになっています。そこに至るまでの①〜⑥の流れがまったく異なっているからです。

⑦2人の最終札（2人の縁　まだ努力で調和できるのか?）　「魔術師」
キーワードは神業の芸当、ことば巧み、器用、道具、あざむく、本音と建て前

　知恵と技術に恵まれるQさんと彼です。いっしょになることで人間としてのスキルが豊かになり、仕事も含め文化的活動を充実させることができたでしょう。これをステップとして、2人それぞれが別々の道を前向きに歩んでいくことを考えてもよさそうです。別れても2人がわだかまりを持たず友人として関係を維持できるような調和を見出せます。

　前章では、夫婦でステップアップしていく、と「魔術師」を解釈しましたが、ここでは周囲の札に後押しされるように、2人がそれぞれシングルになって生き直していく姿を見出しています。

Question!

「魔術師」が正位置で出ているから、離婚しないで話し合いで問題を解決できないのかな?

それもひとつの解釈です。Qさんに「彼との関係を何としてでも調和させたい!」そんな強い思いがあるケースなら、「知恵と技術に恵まれる縁」を生かせるよう、話し合いをうながします。
ただアドバイスの決め手になるのは切り札で、ここでは「正義」(逆

位置) です。話し合うことよりも、それぞれの「正しさのモノサシ」
を2人がどう扱っていくかが重要になるでしょう。

Question!

逆に、⑦にどんな札が出ていたら、今回は調和
がとれることになるのかな?

調和を示しつつ、物事が安定して動かないよう
な札、「女帝」「教皇」「力」などがそうでしょ
う。しかし、「⑦最終札」だけでなく、⑤と⑥そ
れぞれ二者の札や、④「切り札」も関わってき
ますので⑦だけを変えても調和を見出すのは難
しいかもしれません。

Trial

Trial 18……次の相談を読み、質問に答えましょう。

Rさん (女性、36歳、会社員) から
結婚10年、夫は40歳、会社員です。ほしいと思っているのですが、子ど
もはいません。この1年ほど夫とセックスレスで、私のほうが拒絶してい
る状態です。私は仕事で大変な時期があり、心身ともに疲れきっていたと
き、夫が軽い浮気をしていたことがわかり……以来ぎくしゃくしています。
夫もだいぶ反省し変わってきてくれていますが、まだ自信がありません。

私たちはもうだめでしょうか？

　Rさんと配偶者である彼との相談を「ヘキサグラム展開法」で読み解いてみましょう。占的は「2人にとってこの結婚は何なのか？」とします。
　展開と占的詳細をよく読み、問いに答えてください。

Q1……Rさんに、彼との別れを後押しするアドバイスをしてみましょう。
　　　　（150〜250字程度）

Q2……Rさんに、彼と別れずにやっていくアドバイスをしてみましょう。
　　　　（150〜250字程度）

Q3……あなたが占師だった場合、上記のどちらを採用しますか？

①2人の**過去**（結婚からこれまで）「神の家」
　（逆位置）
②2人の**現状**　「隠者」
③2人の**今後**　「正義」（逆位置）
④2人の**切り札**（状況を好転させるための策）
　「恋人」
⑤Rさんの**配偶者**　「星」
⑥**Rさん自身**　「太陽」
⑦2人の**最終札**（2人にとってこの結婚は何なのか？）「月」（逆位置）

Answer & Point

Q1……解答例

　ひとつの展開の中に、彼の「星」、Ｒさんの「太陽」、中央の「月」の3つの光が見えるので、縁の深い2人と思われます。ただもうしばらくぎくしゃくした関係が続きそうです。出産に関しては、年齢的に時間との勝負にもなってくる可能性も高く、もしＲさんが子育てに力を注いでいけるパートナーを探したいという強い意向があるなら、早い段階で方向転換するのもひとつの選択でしょう。(178字)

Q2……解答例

　今の彼は、Ｒさんとは違う世界の住人のようなところがあります。Ｒさんほどに現状に危機感はなく、今の2人の状況を都合よく解釈している様子もあります。ここは理屈ではなく、触れ合えていたときの感覚を取り戻すことから始めてみましょう。2人でいっしょにいることを楽しむこと、ともに笑い合える時間を増やしましょう。スキンシップも、Ｒさんから彼にして、それがどんなに大事なことなのかを肌で感じてもらいましょう。(197字)

Q1・2……解説

　この展開の主人公、Ｒさんと夫のアルカナから見極めていきましょう。

⑤Ｒさんの配偶者　「星」
キーワードは望徳、スピリット（高度な精神性）、内なる光明、匠、マスターピース

「人はパンのみにて生きるにあらず」といった精神性が強まっている様子。セックスレスであろうと、「それは今の2人に影響するのか」と気にしていない様子がうかがえ、この姿勢がプラスにもマイナスにもなりそうです。

⑥Rさん自身　「太陽」…234ページ

キーワードはボディ（肉体）、活力、明るく健やか、人とつながる、友愛、日々の幸せ

夫婦間の問題を克服できる強さが感じられます。また、親や兄弟とのきずなやぬくもりを求めてもいそうです。彼と対照的だとも言えます。

今回は悩んでいるRさんに出ている「太陽」です。彼とのズレや温度差のサインを読み取る必要があるでしょう。

⑦2人の最終札（調和のあり方）2人にとってこの結婚は何なのか？　「月」（逆位置）

キーワードは、反射と反応、月の周期、無意識、マインド（心）、想像力、虚構

他人には見せない心の深い部分で結びつき、心のひだに触れて傷つけ合うこともあるでしょう。不安と安心のくり返しが心身に影響を及ぼす可能性、妊娠・出産が2人の課題になることなどがうかがえます。

①2人の過去（結婚からこれまで）　「神の家」（逆位置）

キーワードは人間の総力、燃え上がるような体験、自我の解体、全身全霊、人生の山場

結婚からこれまで、家庭を築くことに全身全霊で取り組み、心も身体も消耗してきました。そこに彼の浮気が深い傷跡を残しているようです。

②2人の現状「隠者」

キーワードは隠遁、求道、禁欲、悟り、難行苦行

⑤「星」の彼と⑥「太陽」のRさんは思慮深く、内面に向き合っている様

子で、希望が感じられます。

③2人の今後　「正義」（逆位置）

キーワードは法規、正当性、断ち切る、正義が問い直される、天の聖剣の出番

2人それぞれの考え方がぶつかりそうですが、どちらが正しいか、間違っているか、という問題ではないという暗示です。

④2人の切り札（本件を好転するための策）「恋人」

切り札としての解釈は好きなこと、気になる人、新しい世界へ自らおもむき、楽しもう

別れに至る要素も見出せますが、今は気持ちのままに、彼を好きでいっしょにいたいという思いを大切にしましょう。

Q3……解答例

「別れずにやっていく」というアドバイスを優先させましょう。

Q3……解説

理想的なのは、どちらにも読めることで、相談者の意向に寄り添い、役に立つアドバイスを提案できることです。Rさんはまだ明確に離婚の意向を伝えてきていませんし、調和のための六芒星を広げたのですから、可能性を先に伝えたいところです。離婚をすすめるのはその後でもよいでしょう。

第19章 太陽

THE SUN ／ LE SOLEIL ／ IL SOLE

1600年代中期　　　　1701年代　J・ドダル版　　　ロ・スカラベオ社の
J・ヴィヴル版　　　　　　　　　　　　　　　　　　　C・バーデル版

[絵柄のポイント]

馬上の少女か、たがいに手をかけ合う2人の子どもの頭上に、
擬人化された太陽がダイナミックに描かれる。

◆◆◆

月を経て、私たちは太陽系最大の光に到達します。そこでは光輝く
精神と健全な心を宿した人たちが、それぞれ自分らしさを発揮して
います。

─── 絵柄の解説 ───

　マルセイユ・タロットの「太陽」が放つ光線は、多く赤と黄色の2色で彩色されています。「星」と同じく、私たちは太陽とエネルギーを交換し合う関係性にあることが、しずくの向きによって描き示されています。しずくは、人の太陽崇拝の意識なのです。太陽を神のように崇め、**日々の幸せ**を祈願することは全世界に見られます。太陽を崇拝し、太陽に生かされている私たち自身がこのアルカナの絵柄にいるのです。スピリットとマインドを宿した私たちの**ボディ（肉体）**、その健やかなあり方がここでは語られています。

　2人の子どもと彼らを頭上で照らす太陽が真正面を向き、ダイナミックかつカラフルに描かれています。私たち生命体の**活力**がテーマです。元気な子どもたちの**明るく健やか**な日常が伝わってくる様子、たがいに手をかけ合う2人の子どもの図像は、誰かのために生きるという、私たち人間の存在意義を示しているかのようです。子どもたちがただ純粋に手をつなぐような、**人とつながる**意識を、誰もが日々思い出すべきなのでしょう。伝統的にこのアルカナが**友愛**を表す札とされてきた理由がわかる構図です。

　擬人化された太陽の顔、それを取り囲む光線のパターンは、現在流通しているマルセイユ・タロットの数だけバラエティに富んでいます。版によって大きな差異が生じているのもコレクターにとっては見どころでしょう。

　「ノブレ版」の赤は、ロマネスク建築（10〜12世紀の建築・美術・文学の様式。西ヨーロッパに広まった）において活躍した伝説の石工の親方が流した血、黄は彼の忍耐を表す色。「カモワン版」では、それぞれ理知と生命力を表す黄色と赤の二重性が取り上げられています。

　「ノブレ版」に描かれているのは少年と少女です。少年の手は少女の心臓に触れ、少女の手は少年のうなじに触れ「神秘世界への扉」を開き、たがい

に助け合い癒やす力が18の光の玉に描き表されているのです。

　「カモワン版」では、西洋儀式魔の伝統における新規参入式の絵柄とされ、完全に守られた環境で、ひとりの新参者を受け入れ導く図像とされています。

　「ドダル版」に描かれている2人のうち、ひとりは片目が見えません。この少年の腹に目の見える友人が触れることで、片目が開くという石工の儀式の図像です。「星」でも見られた腹で石を感じる親方の力に通じており、同志によって目覚めさせられている様子なのです。しかしなぜ腹なのでしょうか。筆者なりの考察では、肉体と精神の鍛錬に、腹式呼吸が有効であることなどに思い至ります。

☞ キーワードで絵柄チェック

□日々の幸せ

□ボディ（肉体）

□活力

□明るく健やか

□人とつながる

□友愛

＊不明なものは、「絵柄の解説」の太字に戻って確認しましょう。

1 枚 で 解 釈 し て み よ う

最大公約数的な解釈から公倍数的な解釈へ

ピンチをチャンスに変える切り札として

人と向き合い、手を取り対話しましょう。自分ひとりで生きようとしないことです。生きるためには食べなければならず、そのために口があり、口はことばを発するためのものでもあります。

ケース別　キーワードから逆位置まで

愛のカギ

男女である前に人として向き合う、家族ぐるみの交際、表裏のない言動が大切

ビジネス、スタディの指針

健康志向の企画で勝負する、子ども向けの商材を扱う、食育を取り入れる、男女差を取り払う

健康の幸運Tips

太陽の下へ出る、栄養状況を見直す、朝型の生活習慣、アウトドアライフを満喫する

今後の成り行き

明るい展開に、何事もなかったかのようにあっけらかんとする、仲間が増える、注目される、存在が際立つ

逆位置ではここに注意

排他的、ひとりでも生きていけると思う、食べてばかりで会話がない集い

読み解きレッスン Hop・Step・Jump

便利な「ヘキサグラム展開法」　読み解き設定のアレンジ

　今回も読み解きの設定を変えた「ヘキサグラム展開法」のアレンジに挑戦してみましょう。最終的には本書を読み通したあとに、読者が独自の展開法を作ることも目標にしています。

　「ヘキサグラム展開法」では、⑤相談者に対して、⑥に人物以外にもいろいろな対象を設定して占断することができます。

Hop　よくあるケースとして「一定の期間」を設定してその時期の運勢を占うことがあります。実際には「今年の私の運勢を見てください」という依頼に対して、まず生年月日を用いて命術でその年の運勢の傾向を占断するのが常道ですが、さらにタロットのイメージの力を借り、より色彩豊かに相談者の1年の様相を物語ろうというものです。

　「相談者の今年を読み解く」として、基本の占的を次のようにアレンジしてみましょう。

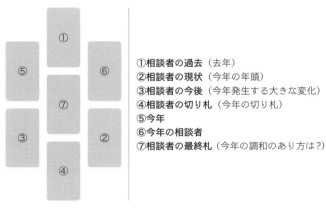

①相談者の過去（去年）
②相談者の現状（今年の年頭）
③相談者の今後（今年発生する大きな変化）
④相談者の切り札（今年の切り札）
⑤今年
⑥今年の相談者
⑦相談者の最終札（今年の調和のあり方は？）

前章の **Trial 18**、Rさんの配偶者の1年間を占断し、悩めるRさんへ何らかのアドバイスを考えてみましょう。

結婚10年、夫は40歳会社員。夫が軽い浮気をしていたことがわかり、セックスレスでぎくしゃくしています。夫もだいぶ反省しているようです。夫は本当に変わってくれるのでしょうか?

　占的の主体は相談者の配偶者である彼です。
　占的は「彼の今年1年の変化は?」とします。
　「ヘキサグラム展開法」の⑥を彼として、⑤には「今年」を設定し、向こう1年の彼の変化を読み解いてみましょう。

①彼の過去（昨年）「神の家」（逆位置）　年単位の話となっているため、①過去は昨年と設定します。
②彼の現状　「隠者」
③彼の今後（今年発生する大きな変化）「正義」（逆位置）
④彼の切り札（今年の切り札）「恋人」
⑤今年　「星」
⑥今年の彼　「太陽」
⑦彼の最終札（今年と彼との調和のあり方は?）「月」（逆位置）

　主体となる彼から見ていきましょう。

⑥今年の彼　「太陽」

キーワードは日々の幸せ、ボディ（肉体）、活力、明るく健やか、人とつながる、友愛

生命力があり健康的な様子がうかがえます。妻であるRさんに心を開いていますが、考えが浅いところもあるでしょう。

⑤今年　「星」

キーワードは望徳、スピリット（高度な精神性）、内なる光明、匠、マスターピース

光輝く美しい年になりそうです。アートか文学のヒット作品が希望の光となり世の中を沸かせそうです。スピリチュルへの関心が高まるなどの特徴が出ているのかもしれません。

彼の時間の流れによる変化を追ってみましょう。

①彼の過去（昨年）　「神の家」（逆位置）

キーワードは人間の総力、燃え上がるような体験、自我の解体、全身全霊、人生の山場

大きな山場だったようです。Rさんとの問題もそのひとつで、エネルギーが消耗されたことがうかがえます。完全に解決することはできませんでしたが、家庭を立て直そうと彼なりに粉骨砕身した様子がうかがえます。

②彼の現状　「隠者」

キーワードは隠遁、求道、禁欲、悟り、難行苦行

求道の真っ最中です。人間は複雑な生き物であり、抱えているものがあるという内面的な事柄がテーマであり、⑥「太陽」で示されている彼と対照的です。彼にとってもこの問題はハードルなのでしょう。現状においてはまだ隠しごとや秘密がある可能性もあります。

③彼の今後（彼の変化）　「正義」（逆位置）

キーワードは正当性、断ち切る、法規、問い直される正義、天の聖剣の出番

彼の「モノサシ」つまり価値判断の基準が今後問われるようになるとすれば、Rさんといっしょに同じハードルを越えられないということになるかもしれません。夫婦間での不一致が解消されず、Rさんにとっては離婚を視野に入れた状態が続く可能性にもつながっていきます。

今年は彼にとって試練もあるようですが、そこからまた生まれてくるものもあるでしょう。それが⑦です。

⑦彼の最終札（今年と彼との調和のあり方は？）　「月」（逆位置）

キーワードは反射と反応、月の周期、無意識、マインド（心）、想像力、虚構

波がありメンタルな部分が活性化される、不安定な要素が見てとれます。憂鬱になり悩んでしまうことが多い年となります。

彼が自分の心に向き合い、夫婦でカウンセリングを受けることなどにも前向きになるかもしれません。太陽と月がようやく出会う、つまり彼のボディに健やかなマインドが宿るきざしを解釈することもできます。今年は転機だとも言えるでしょう。

好転策が④です。⑤と⑥の調和に対する切り札ですが、Rさんが⑥彼にどう接して、④を生かしていくかというアドバイスになります。

④彼の切り札（本件について好転するための策）　「恋人」

切り札としての解釈は好きなこと、気になる人、新しい世界へ自らおもむき、楽しもう

彼にとっては理屈ではなく、感覚的に判断することのようです。ことばでやりとりするよりも、Rさん夫婦と似たような境遇の人たちの自助グループに参加してみるのもひとつではないでしょうか。

その前段階で、何か共通の新しい趣味など始めてみることなどもおすすめ

します。新しい出会いのなかで、魅力を感じる人が出てくるかもしれません。そのうえで「なぜ自分にはこの人なのか?」ということを、おたがいにもう一度感じ直してみましょう。

Trial

Trial 19……次の相談を読み、質問に答えましょう。

Sさん（男性、26歳、医療関係）から
病院勤務の看護師です。最近仕事上の悩みがひどく眠れません。やめたいと思います。もしくは、死にたいのかもしれません。どうやって決断したらよいのか……せめて1日でも心を休ませたいです。

「切実な相談を寄せているSさんが仕事をやめるか否か?」を占的とします。札の展開と占的詳細をよく読み、質問に答えてください。

Q……Sさんにどのようなアドバイスを伝えられますか?（150～250文程度）

①Sさんの過去（これまでに、仕事で何があったのか）「審判」（逆位置）
②Sさんの現状　「正義」（逆位置）
③Sさんの今後　「太陽」（逆位置）
④Sさんの切り札（対応策）「月」
⑤Sさんの環境（勤務する病院）「女教皇」
⑥Sさん自身　「恋人」
⑦Sさんの最終札（⑤と⑥の調和のあり方）「神の家」（逆位置）

Answer & Point

Q……解答例

　タロットの展開は、Ｓさんが今の職場で仕事を続けることを全力で止めているようです。Ｓさんは心を休ませたいのであり、それが最優先です。一定期間勤務からはずれることができれば、それでよいようにも見受けられますが、状況によって叶わないこともあるでしょう。その際には仕事をやめることもひとつの選択で、余力があるうちに動くことを勧めます。ストレスやわだかまりを打ち明けられる仲間の存在、相談の場、集い、カウンセリングなども役に立つでしょう。(214字)

Q……解説

相談内容をひも解くような気持ちで順を追って解釈していきましょう。

①Ｓさんの過去（これまでに、仕事で何があったのか）　「審判」（逆位置）…246ページ
キーワードは救済、祝福、報われる、信念、高次の生まれ変わり、覚醒
　医療従事者として純粋に人の命を助けたい、社会で役に立ちたいという思いが打ち砕かれることもあったようです。

②Ｓさんの現状　「正義」（逆位置）
キーワードは法規、正当性、断ち切る、正義が問い直される、天の聖剣の出番
　現在、劣悪な労働条件を強いられているのかもしれません。

　ほぼ同時に⑥Ｓさん自身、⑤Ｓさんの環境をチェックしたうえで、占断を

絞り込んでいます。

⑥Sさん自身　「恋人」
キーワードは恋する人、ときめき、感覚、出会い、縁、魅力、選択
まだSさん自身は楽しみや喜びを感じる力を持ち合わせているようです。

⑤Sさんの環境（勤務する病院）「女教皇」
キーワードは神聖、神秘、高潔、宇宙の律法書、古きよき伝統
Sさんが勤務している病院の姿を物語る札です。
　医療従事者に対して厳格な職場のようです。黙々と労働にいそしむ病院関係者の神妙で冷たいイメージもがうかがえますが、違法性があるわけでもないのでしょう。過去においては①「審判」（逆位置）でSさんの高い意識が挫折しています。⑥Sさん自身「恋人」にも表れているように、Sさんと勤務先とはフィットしない印象です。

　今後の展開はどうでしょうか?

③Sさんの今後　「太陽」（逆位置）
キーワードは日々の幸せ、ボディ（肉体）、活力、明るく健やかな日常、人とつながる、友愛
　現状ですでに疲れ切っているSさんのさらなる体力減少、身体の健康が損なわれていくのが心配です。

　Sさんと勤務先の調和はどうでしょうか?

⑦Sさんの最終札　「神の家」（逆位置）
キーワードは人間の総力、燃え上がるような体験、自我の解体、全身全霊、人生の山場

　一体化が果たせずどちらにもダメージがあります。どちらに問題があるわけではなく、Ｓさんにとっては合わない職場であり、Ｓさんの力がまだ足りていなかっただけなのかもしれません。職場のほうでは人手不足なところに新たな欠員が打撃になりそうです。Ｓさんがこわれてしまう前に動き出したいところです。

　総括して、「Ｓさんが仕事をやめるか否か？」という問いに対する答えはどうでしょうか。
④Ｓさんの切り札（**対応策**）**「月」**
キーワードは反射と反応、月の周期、無意識、マインド（心）、想像力、虚構

　切り札としての解釈は、悲しみも苦しみもトラウマも受け止めて、心許せる人や専門家にもゆだねましょう。

　これはＳさんの心の問題でもあるのでしょう。これを最優先とすることが求められています。

　以上の流れから、冒頭の解答に至っています。
　ここで大切なことは、むしろこの後のことです。仕事をやめることをすすめているのですから、この後また占的を変え、どのようにやめるのか、やめた後のことまで、よく話し合いながら決める必要があるでしょう。そもそもどうしてこうなったのかＳさんなりに考えることも大切でしょう。そういう意味での切り札「月」なのかもしれません。

第**20**章 審 判

JUDGEMENT／LE JUGEMENT／IL GIUDIZIO

1600年代中期
J・ヴィヴル版

1700年代中期
ブザンソン版

ロ・スカラベオ社の
C・バーデル版

［絵柄のポイント］

「ヨハネの黙示録」を思わせる天使の図像。下方には棺からよみがえる子どもと
両親と思われる三者の姿が描かれている。

◆ ◆ ◆

**人間同士の友愛を目にした天使が、奇跡を起こします。そのときの
あなたはもう今までのあなたではありません。ここでは、高次の生
まれ変わりが物語られています。**

絵柄の解説

　「審判」の上空に描かれている大天使の羽は赤、黄色、時々青が混ざりカラフルで力強い印象です。新約聖書「ヨハネの黙示録」を思わせる図像でもあります。一度葬られたキリスト教徒が棺から再びよみがえるという天の審判をテーマとした芸術作品には、多く白地に赤い十字が記された旗が描かれており、血を流して殉教したイエスの勝利を示すものとされています。「黙示録」では、天使が第七のラッパを吹きこの世の終末を知らせるとともに、神に許された人々が**救済**されます。

　マルセイユ・タロットでは天使のラッパにたなびく旗、および十字の色は時代を上がるとともに黄色が目立ちます。黄色は、「ノブレ版」ではギルドのジャック親方の忍耐と勇気、「カモワン版」では昇華した高みなる人間の肌の色です。

　あらゆる宗教がその目的に人々の救済を掲げています。さまざまな人が日々救いを求め、追いつめられれば死を考えます。「このまま生きていけるのか？　そもそも生きていてよいのか、いや、生まれてきてよかったのか?」生きるか死ぬかの悩みに救済の手を差し伸べられるのが神という絶対的な存在であり、その教えから得られる、「自分は**祝福**され、**報われる**存在なのだ」という**信念**を糧に、人は最期まで生き抜けるのです。特定の宗教によらずとも、神仏の力を感じるような経験が誰にも多少はあるでしょう。それほどまでに悩み、苦しんできたからこそ、得られる奇跡であり、逆に言えば、悩みも苦しみもなければ奇跡を知ることもないのです。

　2人の男女と子どもが棺から立ち上がり、天使に向かって皆で祈りをささげています。子どもの背中の半分が男性的、もう半分が女性的に描かれ、父と母の特性を兼ね備えた両性具有として描かれているのも特徴的です。人類の遺伝子の進化、命をつなぐこと、すなわち**高次の生まれ変わり**がテーマな

のです。

　「カモワン版」では、子どもの頭部が剃髪されています。子どもは「教皇」
に描かれていた信者のひとりで、教皇も超越する存在に生まれ変わったと記
されています。

　「女教皇」でも霊性は取り扱われましたが、ここではその霊性がさらに目
覚めるのです。人生の難事を乗り越えるごとに私たちは霊格を更新し、その
度に**覚醒**するのです。しかし、時にスピリチュアルな浮揚感だけを求めるの
が人間の浅はかさでもあります。

☞ キーワードで絵柄チェック

□**救済**

□**祝福**

□**報われる**

□**信念**

□**高次の生まれ変わり**

□**覚醒**

＊不明なものは、「絵柄の解説」の太字に戻って確認しましょう。

1 枚 で 解 釈 し て み よ う

最大公約数的な解釈から公倍数的な解釈へ

┌─**ピンチをチャンスに変える切り札として**─┐

あなたにはまだ「改造」の余地があります。自分の出生と存在をすべて肯定して、一段階上のあなたを目指しましょう。今のあなたを導けるのは神や死後の世界の観念かもしれません。そんな世界にも触れてみましょう。

ケース別　キーワードから逆位置まで

愛のカギ

意志を貫き後悔しない、損得を考えず愛する、自分が成長するパートナーを選ぶ、愛を信じる

ビジネス、スタディの指針

営利よりも大切なものを見出す、使命感で任務をまっとうする、人々の記憶に残る仕事をする

健康の幸運Tips

身体より精神面のケアが有効、遺伝的な要素に注意する

今後の成り行き

人生を肯定できる、心が洗われるできごとがある、人生観が変わる、宗教・哲学・思想と関わる

逆位置ではここに注意

覚醒だけを求める、スピリチュアルな事柄を盲信する、遺伝子操作にある問題

読み解きレッスン Hop・Step・Jump

実践的な鑑定の流れ①──複雑な相談、大きな方向性から具体的な詳細へ

　実際の鑑定では、一件の相談の中でも、占的を変えて複数回タロットを展開するのが常です。いろいろな角度から占断し、総合的なアドバイスで締めくくることになります。相談内容によっては鑑定時間が数時間に及ぶこともありますが、しかし時間が15分程度であったとしても開始から終了までには、「序盤・中盤・終盤」という流れがあるものです。

　「序盤・中盤・終盤」に明確な区切りがあるわけではありませんし、時には序盤だけで終了したり、時間が限られていれば終盤の仕上げの一枚引きで終了という形になるなど、1回1回が唯一無二のケースになります。

　それではこの章では新たな相談を、「序盤・中盤・終盤」の流れに沿って読み解いてみましょう。

Tさん（女性、43歳、主婦）からの相談

住み替えについての相談です。今の家を売りに出しながら、新しい住み替え先を探しています。半年が過ぎたところですが、住み替え先として気にいった家も見つからず、今の家にも一向に買い手がつきません。住み替えは叶えられるでしょうか？

Hop　序盤

　主に相談者との事前のやりとりで、話を聞き、内容を整理します。

　占師は相談者から相談されたり、質問されたりするわけですが、その内容に対して占師からも疑問があれば質問してみましょう。なぜ**占断を求めるに至ったのか**が見えてくれば、しめたものです。確認した事柄はメモにまとめ

ましょう。

　今回のメモは次のようになると想定します。
　年齢、職業、家族構成は必須確認事項。タロット解釈の大きな手助けになりますので可能な限りおさえておきましょう。

　　1　Tさん本人とご家族　Tさん43歳、夫45歳（会社員）、10歳女の子、8歳の男の子の4人家族。
　　2　住み替えのきっかけは、夫が、趣味の家庭菜園が高じて、日当たり良好で広い庭つきの物件で、都内に通勤できる場所への移転を強く希望していること。
　　3　今の家は築35年。日当たりがよくなく、住宅街の奥まった位置にあり出入りが不便な物件。
　　4　ローンの借り換えがからんでおり、Tさん夫婦は今の家の売却と住み替え先の購入を完全に同時に行わなければならない。

　いかがでしょうか？　いろいろな思い、事情が入り組んでいます。段階を追って少しずつタロットを展開するのが妥当になってきます。このリーダーシップを担うのが占師の役割です。そのためのメモですが、占断に役立てるためのもので、情報量が多ければよいというものではありませんから、根掘り葉掘り聞かないこと。慣れてくれば、展開される絵札を想定したうえで効率よく質問ができるようにもなりますから、実践から学ぶことも大切です。

Step　中盤

　必要に応じて占的を変え、2〜3回タロットを展開していきます。
　まず、大きな方向性から占断し、最後に相談者の質問事項に具体的・詳細に回答していく流れを見て行きましょう。

では最初の展開Ⅰです。

展開Ⅰ　「2枚クロス展開法」による相談者の現状位置確認

これまでにも「迷ったときの現状位置確認」を練習してきました。複雑な
ケースではこの現状位置確認は必須ですが、鑑定の時間が限られている場合
などはこの確認を省略することもあります。

今回の占的は、半年前にスタートした「Ｔさん一家の住み替えが、今どの
ような状態にあり、相談者に何が求められているのか?」です。

主体はＴさん一家の住み替えです。「2枚クロス展開法」で見てみましょう。

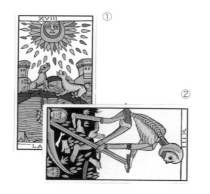

展開Ⅰ
①Ｔさん一家の住み替えの現状　「月」
②Ｔさん一家の切り札　「死」（逆位置）

①Ｔさん一家の住み替えの現状　「月」

キーワードは反射と反応、月の周期、無意識、マインド（心）、想像力、
虚構

舞台は夜。大抵の生き物は活動休止している状態です。Ｔさんの住み替え
も実際には動きがなく、相談者の思いばかりが独り歩きしやすくなっている
様子です。

②Tさん一家の住み替えについての切り札　「死」（逆位置）

切り札としての解釈は止める、終わる、別れる、命を終わらせ、新しく生まれ変ろう

何かを滅するという刷新が求められていますが、それがままならないようです。Tさん自身や子どもの中に、今の生活との決別を受け入れたくない人がいるのかもしれません。

確かに、必要にせまられての住み替えでありません。まだ切り札②「死」を使う段階にまで来てはいないということでしょう。

この状態から、住み替えが具体的に前進するように、今一番求められていることや気持ちのうえで重要なことを占断する必要があると思われます。

そこでもう少し展開するアルカナの枚数を増やして、現状①「月」を掘り下げてみたいと思います。

次の展開Ⅱに進みましょう。

展開Ⅱ　「5枚クロス展開法」による相談者の現状位置確認

占的は「Tさんの住み替えは今、具体的にどういう状況なのか？」＝展開①の現状「月」を掘り下げてみると？

この占的に対して次のような展開になりました。

⑤顕現の可能性

①過去

②現状

③今後

展開Ⅱ
①住み替えの過去　「隠者」
②住み替えの現状　「審判」
③住み替えの今後　「恋人」(向こう半年間)
④住み替えの潜在的な要素　「神の家」
⑤住み替えの顕現の可能性＝伸びしろ　「運命の輪」

④潜在的な要素

④住み替えの潜在的な要素　「神の家」

キーワードは人間の総力、燃え上がるような体験、自我の解体、全身全霊、人生の山場

　破壊的なまでに消耗する案件だと感じられる一方で、「神の家」は「結婚」を表すカードでもあります。買い替えは「結婚」に匹敵する大作業であり、買い主の家庭のエネルギーも影響し、関わる人の生活を根底から変える一大事です。思い通りにいかないのはやむを得ず、心と身体をいたわりながら進めたいところです。

　①②③の時系列を追ってみましょう。「③今後」は、今回は不動産売買な

ので、期間を長く設定しました。

①住み替えの過去　「隠者」

キーワードは隠遁、求道、禁欲、悟り、難行苦行

今の家の「薄暗さ」が出ているようです。Tさんが現在、人脈が広くなく情報も足りないこと、質素に暮らしている可能性などもうかがえます。

②住み替えの現状　「審判」

キーワードは救済、祝福、報われる、信念、高次の生まれ変わり、覚醒

ひっそりしていましたが、うっすらと光が差してきたようです。

あくまでも展開Ⅰの現状確認の「月」の具体性ですので、ここで「月」の中での「審判」を読みましょう。

③住み替えの今後　「恋人」

キーワードは恋する人、ときめき、感覚、出会い、縁、魅力、選択

向こう半年後には、売り出し中の今の家を気にいる人が登場しそうですが、契約には至らない様子です。

Question!

「恋人」のキーワードは「ときめき、感覚、出会い、縁、魅力、選択」だから、「うまくいく」のでは！？

どういう流れで「うまくいく」ことになるかが大切です。売り出している家を気にいってくれる人との出会いがあり、物件に魅力を感じてもらえる、などのやり取りに期待できますが、この1枚で不動産売買の契約が成立するところまで読むと行き過ぎになります。

不動産の売買契約という、大きなお金が動く法的な手続きの成立ですから、「女帝」「教皇」「正義」など、よりふさわしい出目があるでしょう。他にも、駆け引きしながら契約書を交わすなら「魔術師」、値切られて成立するなら「節制」などが条件つきで「うまくいく」と言える札です。絵柄のメッセージをていねいに解釈し伝えましょう。

Question!

この件では、「審判」も「報われる＝うまくいく」とはならないみたい。売買契約成立ではなさそうだね？

「審判」はより高次な霊性の札です。即物的な満足感とは一線を画しますので、「住宅の売買成立」ではなく、気持ちの刷新ができたり、新たな展開がある、といったイメージです。

⑤住み替えの顕現の可能性＝伸びしろ　「運命の輪」

キーワードは流転、過渡期、危機的状況、集団、宇宙の営み、意識の大改革

　売り出し中の今の家が、立地や間取りなどの条件から不利な立ち位置にあり、値引きを強いられたり、不動産会社が力を入れずに売れ残ることなどが起こり得る可能性が高いため、心構えをしておきたいところです。

まとめ

　Tさんの今の家の売却は、成立するまで時間がかかる案件のようです。T
さんの今の家に魅力を感じて、条件にも納得してもらえる人々との出会い探
しであり、次の住み家との出会いは「結婚」に匹敵するのです。**長期戦で根
気よくいきましょう。あともう半年もすれば今の家の購入者が出てきそうで
す。半年をめどに焦らず待ちましょう。**

　この中盤では、現状位置確認、すなわち展開①の現状「月」の正体を明確
にすることが占的でした。相談者から発せられるそれ以外の様々な問いかけ
に対しては、改めて占的を立ててタロットをくり出しましょう。
　さてここでTさんから、次の質問が出ました。

　売却を進めるにはもっと価格を下げるか、仲介業社を変えてみてはという
意見が夫から出ているのですが、どうでしょうか？

　ここにきて出された新しいアイデアです。今後の成り行きを変えることが
できるのか、できるとするならどのように変わっていくのか、占的を改めて
立てて占断するのが妥当でしょう。これを終盤の展開として、総合的なアド
バイスにつなげましょう。

Jump　終盤

　序盤＋中盤の総まとめです。
　序盤と中盤で導き出されたアドバイスについて、それを確認するつもりで
占師が独自に占的を立てて、最終判断に役立ててください。自分なりに読み
やすい展開を使用しましょう。一枚引きでも構いません。
　今回は、先ほどTさんから出た新たな質問を中心に、まとめていきます。
　「売却を進めるにはもっと価格を下げるか、仲介業社を変えてはどうか？」

　ここから占的を立て、住み替えをより早く進めるための切り札を一枚引きすることで終盤の展開として、総合的なアドバイスにつなげましょう。

　それでは、今回はこの切り札を **Trial** とします。

Trial

Trial 20……次の文章を読み、質問に答えましょう。

　Tさんの相談について、257ページのまとめをふまえ、Tさんの自宅の売却をよりスムーズに叶えるための一手を一枚引きします。Tさんの話にある「もっと価格を下げるか、仲介業社を変えるか」の是非も含めて占断してください。

展開Ⅲ　一枚引きによる最終判断

　占的「向こう半年でTさんが住み替えをスムーズに進めるためにとるべき行動や心構えは?」＝展開された札　「星」

Q……Tさんにどのようなアドバイスを伝えられますか?（150〜250字程度）

　単なる一枚引きではなく、ここに至るまでの展開を踏まえたうえで解釈することが大切です。254ページの「5枚クロス展開法」＋切り札のイメージを大切にしましょう。

Answer & Point

Q……解答例

　「星」は「マスターピース（最高傑作）」。ここでの最高傑作とは、この住み替えそのものなのです。売値を下げるのは最後の手段とし、妥協せず、思い描いていた理想の物件探しに集中しましょう。カタログやネット上で物色するのではなく、実際に物件に足を運び、「これこそ我が家！」という感触があるまで、唯一無二の家を探しましょう。（156字）

Q……解説

　「星」の切り札としての解釈は、「問題はモノやお金ではなく、あなたのスピリットにゆだねられているのです。芸術、思想・哲学の分野も重要です」。たとえば売り家に関して、美しい広告でもっとアピールする必要も感じられますし、価格を下げることや仲介業者を変えることも問題ではないでしょう。ただこのアルカナは形あるものよりも、目には見えない精神性を訴えています。

　展開Ⅰの切り札「死」（逆位置）を見れば、まだ別れの準備には早く、今の家にはまだ住むというところでもあるでしょう。

　展開Ⅱの現状「審判」も、特に物理的な問題が感じられる札ではなく、全体的な出目にお金の問題が感じられないこともあります。

　一家の新天地を探すにあたって、今大切なことは、まずTさんが新天地への希望のともしびを燃やし続けること、売却よりも先に住み替え先の目星をつけることです。

第**21**章 世界

THE WORLD ／ LE MONDE ／ IL MONDO

1659年　ノブレ版

1700年代中期
ブザンソン版

ロ・スカラベオ社の
C・バーデル版

［絵柄のポイント］
女神が、四聖獣に囲まれ舞い、キリスト教画を思わせる。

◆◆◆

　私たちは不老不死の薬、エリクシルに到達するのです。宇宙創造の
源である母神とともにこの楽園で永遠に生きるか、もう一度、自身
の魂を探す旅に出るかはあなた次第です。

─────────── **絵柄の解説** ───────────

　絵柄は、高次の霊性を会得した人間がたどり着ける**最終地点**、いわば**至高の領域**の図像です。絵札の四隅にワシ、獅子、牡牛、天使が見られ、その中央で女神が舞い踊っています。

　キリスト教画でおなじみのイエスと四福音史家の図像を借用したのでしょう。先の「審判」と言い、風刺をきかせたキリスト教画のパロディを含む、一連のタロットなのかもしれません。

　四福音史家とは、『新約聖書』の福音書を記した四人の聖人、マルコ、マタイ、ルカ、ヨハネのこと。キリスト教画には四聖人がそれぞれイエスの四方を守る図像があります。

　　四福音史家の対応
　　マルコ…獅子…感覚…火
　　マタイ…人…統合力…風
　　ルカ…牡牛…肉体…地
　　ヨハネ…ワシ…精神…水

　数字の4や四角形は、四大や四方向に対応するシンボルでもあり、四つ組（よんほうこう）の原理（四つのものを一単位とする考え方）、クアドラプルに結びつけられます。マルセイユ・タロットにはこのクアドラプルの伝統が息づいていること、ロマネスク様式に見られる土地の分割法「クアドリパーティション」との関連性が、「ドダル版」の復刻メイカーにより指摘されています。

　その後、キリスト教文化が主流として採用した三組の原理（トリプル）がより社会に浸透し、クアドラプルに取って代わったと同メイカーにより伝えられています。

　四角形（スクエア）は、私たちの日常生活を支える形です。中でも四辺の長さが均等な正方形は、東西南北の方位を測定できるものでもあり、**安定性**

と完全性を備えた盤石な土台の象徴でもあったことでしょう。3と4との融合で表された至高の領域、それを図像化した「世界」をここに見出すことができます。筆者は「数と形の教えの書」を図像化したものがタロットの絵柄なのではなかろうかと考えています。

　「ノブレ版」では、この絵は天上界の宴の図像であり、女神が両足でリズムをとっています。「カモワン版」では、この女神は宇宙意識を一身に備えた「異教の神」であり、その右手にエリクシルが見られます。
　「ドダル版」では、この女神は「アニマ・ムンディ（ラテン語 anima mundi／英語 universal soul）」＝「世界魂」として語られています。地球上のあらゆる存在がひとつの魂でつながっているという古代ギリシアの哲学に由来する考え方で、次章「愚者」が示す魂の集合体だとも言えるでしょう。これを超えるものは何もないという**あらゆるものの一体化**を物語る図像です。最強にして最高の**不滅の力**をここに見ることができるでしょう。

🖝キーワードで絵柄チェック

☐ **最終地点**

☐ **至高の領域**

☐ **安定性と完全性**

☐ **あらゆるものの一体化**

☐ **不滅の力**

＊不明なものは、「絵柄の解説」の太字に戻って確認しましょう。

1 枚 で 解 釈 し て み よ う

最大公約数的な解釈から公倍数的な解釈へ

ピンチをチャンスに変える切り札として

あなたの意志で始まったわけではない人生の旅ですが、途中でやめずに、最後まで生き切りましょう。いつ旅が終わるのかは神のみぞ知ること。行けるところまで行ってください。

ケース別　キーワードから逆位置まで

愛のカギ

年齢・性別・国籍にとらわれない、人類共通の恋愛観や結婚観を模索する、おたがいをどこまでも高め合う

ビジネス、スタディの指針

広く国際社会を見渡す、万人受けする安全な企画、完成度の高さで勝負する

健康の幸運Tips

万策を尽くす、自己診断のままにあきらめない、最高峰の医療を受ける

今後の成り行き

非の打ちどころがない流れに、一定の形が整う、完成する、ひとつのシーズンが終わる、満了する

逆位置ではここに注意

理想主義が過ぎる、完璧主義が裏目に出る、統合できない

読み解きレッスン Hop・Step・Jump

実践的な鑑定の流れ②──詳細から大筋へ

前章につづき、実践的な鑑定を想定して、考えていきましょう。実際の占術鑑定の現場では、相談の詳細を明かしたくない相談者もいるものです。

たとえば、以下のような電話鑑定の相談者が来たとします。

Uさん（女、30代半ばと思われる、職業不詳）からの相談

彼の気持ちとこれからの2人のこと、私はどうするべきかを知りたいです。

「彼」というのが交際相手なのか、詳細は一切話されず、何があったのかもわからないうえに、電話鑑定で相談者の表情も見ることができないような場合を想定してみましょう。

こういったケースでは、前章の「大筋から詳細へ」とは逆に、序盤から比較的多めにアルカナをくり出す展開を用いて、終盤で一～三枚引きで回答を絞り込むという「詳細から大筋へ」とアルカナをくり出していくのもひとつの方法です。

今回はUさんのケースで序盤、中盤、終盤と段階を追っていきましょう。

 序盤

相談者が多くを語らない場合は、相談者の「現状位置確認」が必須です。多くの情報が得られるように、5～7枚を使用する展開法で比較的多めにアルカナをくり出しましょう。

展開I　「6枚クロス展開法」による相談者の現状位置確認

①Uさんの過去　「神の家」
②Uさんの現状　「運命の輪」
③Uさんの今後　「皇帝」
④Uさんの現状に潜む事柄、潜在的な要
　素　「死」
⑤Uさんの顕現の可能性（現状にある伸
　びしろ）「世界」
⑥Uさんの切り札　「節制」

まず、Uさんの過去→現状→今後を流して読んでみましょう。

①Uさんの過去　「神の家」

キーワードは人間の総力、燃え上がるような体験、自我の解体、全身全霊、人生の山場

　激変があり、Uさんは心身ともに疲労困憊しているようです。Uさんと彼との間で人生の一大事となる出会いと結婚、あるいは別離や破局があったという前提で鑑定を進める必要がありそうです。

②Uさんの現状　「運命の輪」
キーワードは流転、過渡期、危機的状況、宇宙の営み、意識の大改革
　社会で浮きがちな状態。批判にさらされている印象を受けます。過渡期にあり、時間の経過とともに落ち着いてくる可能性などもうかがえます。

③Uさんの今後　「皇帝」
キーワードは統治、経歴、支配者、父親、男性的な力、紳士
　Uさんが力強く立ち上がり主張をぶつけ戦っていく様子がうかがえます。主導権を持ち、歩き出すUさんだとも解釈できますし、パートナーである彼、もしくは他の男性との接点が出てくることなどが予想されます。

　①〜③をひとつの「流れ」として見ますと余力もうかがえます。
　とは言え、クロスの縦列には緊張感が走ります。

④Uさんの現状に潜む事柄、潜在的な要素　「死」
キーワードは自然の摂理、大地に帰る、肥やす、命がけ、不毛
　何も生み出されない不毛の要素が強く、生気がありません。相談の彼とは、Uさんとの関係がすでに終わった相手である可能性などもあります。

⑤Uさんの顕現の可能性（伸びしろ）　「世界」
キーワードは最終地点、至高の領域、安定性と完全性、あらゆるものの一体化、不滅の力
　④「死」も含めると、本件はもう終わりに近づいているのか、すでに終わっていてもおかしくはない印象です。「彼」が亡くなっている可能性なども視野に入れます。

⑥Uさんの切り札　「節制」
キーワードは節制、中庸、デリカシー、天使のような所作、試行錯誤

切り札としての解釈は行きつ戻りつ、調整しながら少しずつ進むこと

今は大きく動くことは控えたほうがよいでしょう。彼に対して、いつものUさんではなく、より高度な人間性を発揮しましょう。

以上が取りあえずの解釈です。この鑑定では、切り札が大きな動きを控えるよう伝えていることを終始念頭に置く必要があることを確認しました。

ここでUさんが、実はUさんも彼も既婚者であり、「ダブル不倫」で悩んでいると打ち明け話をしてくれたとしましょう。

彼は出会ったとき、結婚していました。先のない関係だと承知していましたが、中途半端になっているせいでしょう、どうしても考えてしまいます。

おつき合いは半年程度、彼から連絡がなくなってからさらに半年経過しているという状況です。これまでの読み解きからは、彼の中では「関係は終了した」となっていそうです。

当初の「彼の気持ちとこれからの2人のこと、私はどうするべきかを知りたいです」というUさんの質問に答えるべく、次へ進みましょう。

Step　中盤

「おたがいに既婚者のUさんと彼の縁は?」という占的で、新たにタロットをくり出しました。

展開Ⅱ 「ヘキサグラム展開法」による「おたがいに既婚者のＵさんと彼の縁は？」

①Ｕさんと**彼の過去**（半年前、連絡がなくなった頃）「皇帝」
②Ｕさんと**彼の現状**　「教皇」
③Ｕさんと**彼の今後**（向こう半年程度）「月」（逆位置）
④Ｕさんと**彼の切り札**（調和のカギ）「戦車」（逆位置）
⑤彼は、Ｕさんにとって**どういう存在なのか？**「節制」
⑥Ｕさんは、彼にとって**どういう存在なのか？**「魔術師」（逆位置）
⑦**2人の最終札**（どういう調和がとれるのか？）「神の家」

　⑤⑥は通常それぞれ、「相談者の彼」と「相談者」と設定しますが、今回は相談者の気持ちをくみ、このようにしてみました。⑤⑥は相談ごとに工夫してください。

　相談者が最も気にしている彼の札から読んでみましょう。

⑤彼は、Ｕさんにとってどういう存在なのか？　「節制」
キーワードは節制、中庸、デリカシー、天使のような所作、試行錯誤

　Ｕさんにとっては、彼はいっしょにいれば心地よい、そよ風のような存在。

　彼自身として解釈すれば、拒絶もしていなければ、受け入れもしていません。Ｕさんがアプローチすれば反応はあるでしょうが、優しくかわされることもありそうです。

⑥Ｕさんは、彼にとってどういう存在なのか？　「魔術師」（逆位置）

キーワードは神業の芸当、ことば巧み、器用、道具、あざむく、本音と建て前

　現時点では彼に対して不器用になってしまうＵさんの姿がうかがえます。彼にとってＵさんはウィットに富んだ魅力があり、頭の切れる印象を与えていそうです。

　⑤⑥のバランスで見ると、現状をよしとする彼に対して、頭では理解しようとしているが、納得できないＵさんが感じられます。

⑦2人の最終札（どういう調和がとれるのか？）**「神の家」**

キーワードは人間の総力、燃え上がるような体験、自我の解体、全身全霊、人生の山場

　結婚も破局もあり得る2人を読み取ることができます。破壊力があり、双方の家庭を壊しかねない可能性もうかがえます。

　2人の時系列を追って、⑦を補強してみましょう。

①Ｕさんと彼の過去（半年前、連絡がなくなった頃）**「皇帝」**

キーワードは統治、経歴、支配者、父親、男性的な力、紳士

　男性が主導したこと、半年前に彼が一方的に距離を置きだした可能性を読むこともできますし、強硬な姿勢で不倫関係を推し進めてきた2人の姿だとも解釈できます。Ｕさんの配偶者の影響力が出ていることもあるでしょう。

②Uさんと彼の現状　「教皇」
キーワードは健全、格式、道徳、忠告や助言、家と社会、医療

今連絡を取っていない2人それぞれに、おだやかな日常が戻っている状態。親としての役割を果たしている姿なのかもしれません。

③Uさんと彼の今後（向こう半年程度）「月」（逆位置）
キーワードは反射と反応、月の周期、無意識、マインド（心）、想像力、虚構

関係性は暗い闇の中へ。2人が実際に会うようなことはなく、気持ちのうえで関係にけりをつけるしかなくなりそうです。納得できていないUさんが心の奥に思いを押し込んでいくとすれば、不眠やうつ症状なども心配です。

④Uさんと彼の切り札（調和のカギ）「戦車」（逆位置）
キーワードはがむしゃら、挑戦、自我、最高の走り、ヒロイズム、心身のバランス
切り札としての解釈は今この瞬間にも行動すること、派手な動きをする

逆位置ですので、この「調和のカギ」を使うことには細心の注意を。それぞれの現状を壊しかねない縁を持つUさんと彼ですし、何かのきっかけでおたがいにまた求め合い、気持ちが再燃することへの危険信号にも解釈できます。また気持ちの整理がつかないUさんの心と身体のバランスを回復することが先決なのかもしれません。

Jump 終盤

鑑定を進めるなかで、Uさんから「どうしても彼をあきらめられない」とのことばが出ました。これまでの展開も踏まえてここで、「2枚クロス展開法」でUさんに今伝えられる、取るべき行動や心の指針を導き出すこととしました。

展開Ⅲ「2枚クロス展開法」あきらめられないUさんは一体どうするべき？

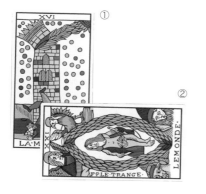

①Uさんの現状　「神の家」
②Uさんの切り札　「世界」

鑑定師として、終盤のアドバイスをUさんに伝えてみてください。

Trial

Trial 21……次の相談を読み、質問に答えましょう。

Uさん（女性、年齢不詳、自営業）から

彼は出会ったときには結婚していて、私も既婚です。最後に会ったのは半年前で、以来彼から連絡がないのですが、あきらめられません。彼の気持ちとこれからの2人のこと、私はどうするべきかを知りたいです。

Q……悩めるUさんに、切り札を中心にアドバイスを伝えてください。
（150〜250字程度）

Answer & Point

Q……解答例

　トータルで自身の人生を考えましょう。彼のことをあきらめずに、まだ可能性を追いたいならそうしてもいいのかもしれませんが、まずは、いっしょに暮らしている配偶者との関係を、見直してみましょう。そこに大きな問題があるために、半年会えないでいる彼を求めてしまうようにも感じられるのです。人生のパーツのひとつだけをとり上げて判断するのではなく、現在の彼、配偶者、家庭など全体を見渡したうえで、ゴールを決めて一歩踏み出すことが大切なのでしょう。（215字）

Q……解説

　展開①の「現状位置確認」で、「彼」とのことを前提にくり出したのに対して、展開③はＵさんだけのためにくり出したもの。本件で、Ｕさんに一歩踏み出してもらうための本当の切り札は「世界」ということになります。

①Ｕさんの現状　「神の家」
キーワードは人間の総力、燃え上がるような体験、自我の解体、全身全霊、人生の山場

　先の中盤でも出た「神の家」ですが、序盤の「過去」にも出ており、度々登場して、Ｕさんが抱えている問題のテーマを象徴しているかのようです。
　ここでの占的は「あきらめられないＵさんがどうするべきか」です。既婚者であるＵさんと彼、またそれぞれの配偶者も巻き込み強いエネルギーが生じている様子がうかがえます。それぞれが打撃を受け、いつ誰がこわれてしまってもおかしくない状態です。

②Uさんの切り札 「世界」

キーワードは最終地点、至高の領域、安定性と完全性、あらゆるものの一体化、不滅の力

切り札としての解釈は、途中でやめずに、最後まで、行けるところまで行きましょう。

自己満足を推す札ではありません。いわば、自分を極限まで高めるという意味合いもある札でもあり、Uさん自身を完成させて欲しいところでもあります。彼との関係だけがUさんの人生ではないはずです。

ケースによっては「こわすべきものはこわして一定の形に整え、人生を一からやり直すこと」がポイントになるでしょう。

第**22**章 番号なしの愚者

THE FOOL ／ LE MAT, LE FOU ／ IL MATTO

1700年代中期
ブザンソン版

1718年　F・エリ版

ロ・スカラベオ社の
C・バーデル版

［絵柄のポイント］

道化のような放浪者が右に向かって歩いている。
下半身の洋服がはだけて、生き物がまとわりついている。

人生の様々なステージを象徴する絵札を見てきました。あなたがど
こを旅していようと、あなたが自身の魂にしっかり導かれています
ように。姿形なき魂ですが、タロットメイカーが魂の擬人像をここ
に描き出しています。

───── 絵柄の解説 ─────

　マルセイユ・タロットにおいては、大アルカナは21枚であり、「愚者」はエクセプション（例外）として扱われます。アルカナの総数77枚、内大アルカナ21枚、小アルカナ56枚、すべて「7」の倍数です。七惑星に由来する七曜日など、現代社会においても用いられている「7」をひとつの単位とする考え方に注目し、さらに考察を進めたいところです。

　絵柄は道化のような帽子をかぶったひげ面の男です。肩に荷物を担いで向かって右側に歩みを進めており、男の足元には小動物が見られます。杖なのか護身用なのか長い棒を持っており、**放浪者**のようです。これは人生という旅路を行く私たちの姿でもあるのです。しかし、私たちの肉体を持った姿ではありません。マルセイユ・タロットの放浪者は、私たちの**魂**の姿を表したものなのです。

　魂とは、私たちが**輪廻転生**をくり返しながら持ち続けている肉体という入れ物の中の内容物です。心（マインド）や精神（スピリット）が今生のものであるのに対して、魂は不滅です。魂とは、言うなれば前世のあなた、来世のあなた、不死身のあなたなのです。

　魂についての考察が必要なときとは、人生で最も重要なポイントに到達しているときだとも言えます。中世ヨーロッパの暗黒時代を強く生き抜いた農奴や商工業者たちの知恵とたくましさからヒントを得るのもよいでしょう。これらの風刺画を私たちがどう受け継ぎ、どう役立てていくかです。

　悩み、生きることさえいとわしくなるようなときには、この愚者のように**その日暮らし**に甘んじたり、**人の世話になる**のもよく、行きたいところへ**ふらりと足を運ぶ**のもよさそうです。

　「ノブレ版」では、足元に描かれている小動物は、古代エジプトの猫の姿をした女神バステトの化身であり、愚者の下半身がはだけており、猫が性器をくすぐっている図像だとされています。本能にすら目覚めていない無自覚な「存在」を象徴しているのです。

　「カモワン版」では、愚者は巡礼の旅に出発しようとしており、その足元の生き物は、古代エジプトの犬頭神、冥府の神アヌビスの化身です。そして「死」の鎌の取っ手と「愚者」の杖が完全に同じ角度で、この２枚のアルカナがいずれもユダヤの唯一神ヤハウェの象徴で、どのアルカナよりも強い力を放つ札だともされています。

☛ キーワードで絵柄チェック

□放浪者

□魂

□輪廻転生

□その日暮らし

□人の世話になる

□ふらりと足を運ぶ

＊不明なものは、「絵柄の解説」の太字に戻って確認しましょう。

1 枚 で 解 釈 し て み よ う

最大公約数的な解釈から公倍数的な解釈へ

━ピンチをチャンスに変える切り札として━

あなたの魂のままに。まず魂を感じようとしてください。魂を感じることは、あなたの強い情熱に、感情に、思考にも転化できるはずです。魂をバネに、自分を自由にしてみることです。今はむしろ決断しないことです。

ケース別　キーワードから逆位置まで

愛のカギ

自由に愛する、パートナーから旅立つか、2人でいっしょに旅立つか

ビジネス、スタディの指針

自分のためだけに仕事をする、定職につかない、頭を空っぽにして無欲であれ

健康の幸運Tips

気負わず気楽に過ごす、現状に縛られない、場所を変える、移動してみる

今後の成り行き

解放される、大きな問題にならずに進む、ユニークで興味深い変化がある、賭けごとに追い風が吹く

逆位置ではここに注意

無自覚に人を傷つける、社会で問題児になる

読み解きレッスン Hop・Step・Jump

誰でも使える便利な暗号（解読）占法　デコード・メソッド

　この占法は、大アルカナ22枚の絵柄とタイトルが一致してきた頃のビギナー向けです。また現職のプロ鑑定師にとっても占断のピンポイントの絞り込みにはうってつけです。

　大アルカナ22枚による暗号占法の手順を説明していきます。

 　1　占的とそのための展開法をひとつ決めます。今まで通り、アルカナ1枚につき一問一答、ひとつの展開法で一問一答を心がけましょう。ここでは「トライアングル展開法」を使用します。

　2　大アルカナ22枚、もしくは必要なアルカナについて、暗号を設定します。
　　たとえば、占的が「何かをするかしないか？」など自分の取るべき行動を知りたい場合、切り札にアルカナ「太陽」が出れば「する」、「月」が出れば「しない」のサインだというように、占師とタロットとの間での決め事＝暗号を設定するのです。

　3　タロットを展開し、暗号に基づき占断を下します。

ケース①　Ｖさん

フリーライターです。外部ライターとして関わった仕事に関する相談です。当初は私の名前を著者として掲載してくれる、という話でしたが、できあがった作品を見ると完全に発注先の会社の企画になっていました。これでは話が違うと抗議するも、相手はのらりくらりと対応するのみ。権利を侵

害されていますが、取引先と戦うべきでしょうか？

暗号の設定　切り札に「皇帝」「戦車」が出れば戦う。「魔術師」は宣戦布告。「教皇」「正義」は法的手段に訴えるという戦い方をする。それ以外の札が出れば戦わない。ただし逆位置なら練り直す。

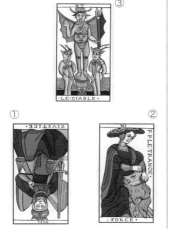

占的　権利侵害に対して戦うか？
①Ｖさんの現状　「正義」（逆位置）
②Ｖさんの今後（一か月程度先）「力」
③Ｖさんの切り札　「悪魔」

読み解き　切り札から「戦わないこと」と占断できます。「①現状」には感覚的な事柄を暗示する札が出ており、まさに相手方ののらりくらりの対応と、そもそも契約書も交わしていない仕事であることが如実にうかがえます。①「正義」（逆位置）から②「力」への移行は、権利侵害の問題は未解決のまま、人が成長することという厳しい成り行きです。

　暗号を設定していない場合、切り札「悪魔」が先方の惰性や不徳に対する警告にも見受けられ、Ｖさんとしてはこのままうやむやにせずに時間をかけても訴え、正義を勝ち取るべきだという解釈にもなりがちで、ビギナーは戦うか否かさらに悩むことがあるでしょう。

ケース②　Wさん

長年タロットを学習中です。プロ鑑定師向けのセミナーも修了しています
が、本業の正社員としての仕事が忙しく、趣味にとどまっています。少し
無理をしてでも仕事として、タロット占いのセミプロ活動をして実益を兼
ねながらより力をつけたいとも思っているのですが、どうでしょうか。

　暗号の設定　実益がポイントなので切り札に、「女帝」「皇帝」「力」「太
陽」などの実入りを示すアルカナが出たら「後押し」のサイン。それ以外は
すべて「待ち」と解釈する。

占的　セミプロとして電話占い師の仕事に
　　　挑戦してみるのはどうだろうか
①Wさんの現状　「女帝」
②Wさんの今後（3か月程度先）「戦車」
③Wさんの切り札　「月」

　読み解き　切り札から「待ち」と占断しました。「女帝」から「戦車」へ
の移行は、現状に出ている経済的なゆとり、それをもたらしている本業が今
後ますます活性化し、忙しくなることがうかがえ、趣味と実益を兼ねた占い
のセミプロ活動どころではなくなる気配が感じられます。切り札「月」はそ
ういう自分が占いの世界とどうつき合っていくかが大事なのだと解釈できま
す。

　暗号を設定していない場合、「月」に占術のイメージを見出すと、占いの仕事に挑戦するべきというメッセージにも解釈でき、ビギナーは占断に迷う可能性があります。

ケース③　Xさん
自家用車をぶつけてしまい、修理の見積もりが50万円を越えます。エンジン部分のみで格安に済ませる部分修理なら半額程度とのことですが、今ちょうど金欠で苦しいのです。いっそ安い中古車に買い替えてしまったほうが早いか、買い替えるくらいなら、ローンを組んで新車を購入するのもありかと、どうしていいかわらかない状態です。

暗号の設定　まず選択肢を洗い出します。
　　1　無理をしてでもすべて修理する
　　2　一時しのぎとして部分修理する
　　3　今の車は廃車にして中古車を購入する
　　4　ローンを組んで新車を購入する
　　5　その他の可能性
1〜4のどれにも当てはまらない、「その他の可能性」も考えられます。さらに可能性について調べてから、再度占断することとします。
　　「皇帝」　父親など身近なドライバーに相談して決める
　　「教皇」　父親の助言に従う、よい修理者を紹介してもらう

　暗号を設定しましょう。

各アルカナの絵柄やキーワードを考慮し暗号を設定した表

アルカナ正位置	ポイントになるキーワード	より具体的に
魔術師	器用、道具	2　部分修理
女教皇	古きよき	3　中古車を購入する
女帝	経済力、循環させる力	1　すべて修理する
皇帝	父親、男性的な力	5　その他の可能性
教皇	父親、忠告や助言	5　その他の可能性
恋人	感覚、縁	5　その他の可能性
戦車	がむしゃら、挑戦、自我	1　すべて修理する
正義	断ち切る、法規	2　部分修理
隠者	禁欲	2　部分修理
運命の輪	宇宙の営み、意識の大改革	4　新車を購入する
力	自分との戦い	2　部分修理
吊された男	ペンディング	2　部分修理
死	大地に帰る	3　中古車を購入する
節制	調整	2　部分修理
悪魔	支配されたがる、富や快楽	4　新車を購入する
神の家	人間の総力	3　中古車を購入する
星	匠（たくみ）、マスターピース	5　その他の可能性
月	想像力、虚構	5　その他の可能性
太陽	日々の幸せ	2　部分修理
審判	高次の生まれ変わり	5　その他の可能性
世界	安定かつ完全	3　中古車を購入する
愚者	あなたらしさ	あなたの魂のままに　＊詳細後述

　表に正解はありません。皆さんは皆さんの案件ごとに表を作ってください。
　あくまでもビギナー向けの判断に迷わないための占法です。相談事にあなたが取り決めた「解釈ルール」として、迷うことがないよう役立ててくださ

い。

Step では、ここでさらにXさんの相談を掘り下げてみましょう。
実際にくり出された展開が下記です。①②③を流して読み解いてみましょう。

占的　車を修理に出すか、中古車あるいは
新車購入か、それ以外に可能性があ
るのか？
①Xさんの現状　「星」（逆位置）
②Xさんの今後（一か月程度先）「審判」
（逆位置）
③Xさんの切り札　「恋人」

暗号に基づき、Cさんへのアドバイスを導き出してみましょう。

読み解き　切り札は「恋人」で、「その他の可能性」です。「①現状」の「星」から「②今後」の「審判」と流れていく様子を見ると、故障はそうひどくはなく、腕がよくきめ細かい対応をしてくれる修理業者を探すことで解決できそうです。それは「②一時しのぎとして部分修理する」にも重なりそうですが、修理をする人の技術や知識によるところが大きく、新たな腕利きの修理業者との出会いをうながしていることがポイントです。

　またここで大事なことは、相談者が持ち込む選択肢以外にも解決策はあり、タロットからより有益なメッセージが得られるよう、占師が視野を広げ工夫を凝らすということなのです。

Jump　最後に特殊な「愚者」について学びましょう。筆者はこのアルカナは、他のアルカナと一線を画した使い方を推奨しています。282ページの暗号の設定の「愚者」は「あなたの魂のままに」と設定しています。「感情のままに」でも、「心のままに」でもありません。相談者が自身の魂を感じることができるまで時間を要するのが自然でしょう。タロットの展開を存分に役立ててもらいたいところです。

　たとえばＸさんの件で、「③切り札」に「愚者」が出たとしましょう。

　「愚者」の切り札としての解釈は**魂をバネ**に、**自分を自由**にして、**決断しない**ことです。
　答えに迷い、模索する時期があってもよいと肯定して出ているのです。
　「〜すべき」という観念にとらわれる必要はなく、結果ではなく行動することに意義がある点、また一か八かの挑戦を押す札であることもポイントです。
　自分で決めて自分の思いを大切に動いていくという「恋人」「戦車」などに通じる部分もあるため、整理して表にしてみます。

感ずるままに	ダメ元で突っ走る	心と身体に正直に	信念を貫く

今ある選択肢の中から、理性ではなく感覚で選ぶ	目指す目的・夢に向かって勢いよく走り出す	日常生活の中で現実的な選択をする	意識の上で大切なことを貫く

　これらの札の前段階が「愚者」だと考えるのもひとつです。そのため、まだ決断するタイミングではないのです。選択肢や目的が何なのか、あなた自身が本当に心からそれを求めているのか。「今はまだ探していよう」というのが「愚者」なのです。

　相談者Xさんのケースで「故障車が修理で直りますか?」という占的を立てた場合の出目が次の図だった場合、「②今後」の解釈はどうなるでしょうか。

「愚者」のキーワードは魂、放浪者、輪廻転生、その日暮らし、人の世話になる、ふらりと足を運ぶ

　魂の札が出ているということは、車は修理しても直らない可能性も考えるべきでしょう。

しかしたとえば、他のアルカナが逆位置で出ていても修理で解決しない暗示になりえます。

　そこで「愚者」が出る意味が重要です。相談者は誰もみな唯一無二の存在で、背景も異なります。相談者と一体になって対話を重ね、手がかりになることを探し出しましょう。

　あなたがあなたの気になる「明日」について三角形をくり出したところ、前ページの図となった場合、「②今後」の流れとなる「明日」をどう表現しますか？

　実際のあなたは、物事を決めかね道が定まらず、はたから見ると不安定な状態になっていく可能性がありますが、この札は「魂の旅」という、自分探しの重要なステージに入っていくことも伝えて出ているのです。この旅で問題に突き当たるか、未体験の感覚を味わうか、それぞれでしょうが、このためにあなたが生まれてきたと実感するできごとですから、存分に味わうことでしょう。

　では、最後に新たな相談に答えましょう。

Trial

Trial 22……次の相談を読み、質問に答えましょう。

Ｙさん（男性、50歳、自営業）から
一か月前に病気で亡くなった愛犬（♂）についての相談です。まだ10歳でした。育て方や治療について、これでよかったのかと悔やまれるばかりです。私と暮らしていたことはこの子にとって幸せだったのか、愛犬の思いを、タロットに問うてみたいのです。

　Ｙさんの相談を「ヘキサグラム」展開法で占ったときの出目は次のとおりです。

Q……愛犬の思いをＹさんに伝えてみましょう。（150～250字程度）

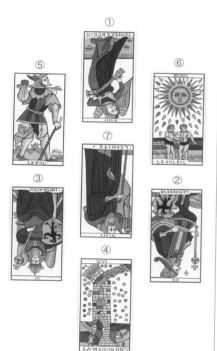

①**Ｙさんの過去**（生前の愛犬と過ごした日々）「節制」（逆位置）
②**Ｙさんの現状**　「皇帝」（逆位置）
③**Ｙさんの今後**（これからの変化）「女帝」（逆位置）
④**Ｙさんの切り札**（愛犬についての後悔を克服するために今求められるもの）「神の家」
⑤**愛犬**　「愚者」
⑥**Ｙさん自身**　「太陽」
⑦**Ｙさんの最終札**（二者の調和、出会った意味）「隠者」（逆位置）

Answer & Point

Q……解答例

　Ｙさんの愛犬は、Ｙさんに寄り添うようにして歩き回っているようです。

毎日欠かさず散歩に連れて行ってくれたことを一番感謝しているのかもしれません。愛犬にとって、Ｙさんは神であり同志であり、種別を超えた唯一無二の存在でした。涙が枯れるまで泣き、絶望のどん底まで落ちれば、あとは上がってくるだけだと、愛犬はＹさんの周りで待っていてくれているようです。とても近いところにいるＹさんと愛犬です。生まれ変わって再会し、また別の形で結ばれるのかもしれません。(221字)

Q……解説

かなめの愛犬から読み解いてみます。

⑤愛犬　「愚者」

キーワードは放浪者、魂、輪廻転生、その日暮らし、人の世話になる、ふらりと足を運ぶ

亡くなった愛犬は、肉体という入れ物から出て天界へ旅立ち、今はもう犬ではなく、魂という存在となっています。

⑥Ｙさん自身　「太陽」

キーワードは日々の幸せ、ボディ（肉体）、活力、明るく健やか、人とつながる、友愛

Ｙさんは愛犬にとって大きな存在、明るく温かい同志のようでもあり、太陽神にも匹敵する存在だったことでしょう。

①Ｙさんの過去（生前の愛犬と過ごした日々）「節制」（逆位置）

キーワードは節制、中庸、デリカシー、天使のような所作、試行錯誤

Ｙさんの不摂生な暮らしぶりが出ているようです。愛犬の健康管理がうまくいかなかった可能性もありそうです。しかし先の「⑤愛犬の魂」にこだわる様子は見受けられません。

②Yさんの現状　「皇帝」（逆位置）

キーワードは統治、経歴、支配者、父親、男性的な力、紳士

気丈に力強く生きていこうとする立ち上がるYさんではありますが、エネルギーが持続せず、心折れて自らの弱さを痛感していそうです。

③Yさんの今後（これからの変化）「女帝」（逆位置）

キーワードは母親、女性、経済力、循環させる力、生きることを満喫する、見守り

持ち合わせている「育てる力」を持て余してしまいそうです。

②③は、まるで子どもを失った両親のようです。

④Yさんの切り札（愛犬についての後悔を克服するために今求められるもの）「神の家」

キーワードは人間の総力、燃え上がるような体験、自我の解体、全身全霊、人生の山場

切り札としての解釈は破壊や別れもひとつの方法として、総力をもってことに当たること

本件を土台に、また新しい神の家を築くこと。たとえば、新たなパートナー、つまり新しい犬、もしくは新しい人と、第二の人生をスタートさせるのです。この展開はYさんと愛犬との関係を問うたものですから、その新しい存在とは、愛犬の魂を宿したものであるはずです。そこに希望を持ちましょう。必ず愛犬の魂と相談者が出会えることを、筆者は強く伝えたいと思います。

⑦Yさんの最終札（二者の調和、出会った意味）「隠者」（逆位置）

キーワードは隠遁、求道、禁欲、悟り、難行苦行

ひとりの人間が人生の伴侶として犬を育てるという物語は、愛犬の死で終わらなかったようにうかがえます。これからもYさんは生涯ずっと、折に触

れ愛犬を思い出しては、何かしらの悟りに至る、そんなことがありそうです。Yさん自身が喪失感を完全に克服できるまで、ある程度時間がかかることでしょう。

　鑑定をしているとしばしば前世や来世、また死者の想いについてなど相談されることがあります。そういった相談にも応えられるのがマルセイユ・タロットなのです。他のタロットや、他の占いなどでも、できることではあるでしょう。しかし、マルセイユ・タロットにはもともと「愚者」という「魂の札」が入っているのです。この霊性にあやかることができるのも、このタロットが使い勝手がよいとすすめられるところなのです。

大アルカナ　キーワード＆切り札としての解釈　一覧表

キーワード	ピンチをチャンスに変える切り札として

I　魔術師

神業の芸当、ことば巧み、器用、道具、あざむく、本音と建て前

頭を使い、あらゆるスキルを発動させて、あざといくらいに要領よくいきましょう。より専門的な知識を取り入れるなど、学びとスキルアップも不可欠です。

II　女教皇

神聖、神秘、高潔、宇宙の律法書、古きよき伝統

古きよきもの、言い伝えや伝統的な教えにカギがあります。年長者や神仏を敬う精神も持ち合わせたいところです。適度な緊張感を大切に、清貧を貫きましょう。

III　女帝

母親、女性、経済力、循環させる力、生きることを満喫する、見守り

育み、見守る精神性を発揮しましょう。豊かな人生の源泉に意識をめぐらせ、ゆったり構えていることです。お金を蓄え、暮らしのためにそれを動かすことにも縁があります。

IV　皇帝

統治、経歴、支配者、父親、男性的な力、紳士

男性的な力、肉体的な力を発揮しましょう。これまでつちかってきた力と積み上げてきたものを信じる勇気、さらには責任感も不可欠です。そのうえで紳士・淑女でありましょう。

V　教皇

健全、格式、道徳、忠告や助言、家と社会、医療

社会に目を向けましょう。心おだやかに暮らせるように、家、親兄弟、近隣、所属先ともきずなを育てて。健全な心と身体、公的機関、自治体にもカギがあります。

VI　恋人

恋する人、ときめき、感覚、出会い、縁、魅力、選択

その胸のときめきのままに。頭で考えず、感覚に従って。あなたの心と身体の高ぶりを誰も止められません。同時に、他者の思いにも寛容でありましょう。

キーワード	ピンチをチャンスに変える切り札として

VII　戦車

がむしゃら、挑戦、自我、
最高の走り、ヒロイズム、
心身のバランス

何ごとも時間をかけずに短期決戦で勝負をつけましょう。スピードが大事で、今この瞬間にも、行動すること。本質的な問題の解決にならずとも、次の一手につなげることが肝心であり、派手な動きをしておきたいところです。一か八かの賭けにも強いときです。

VIII　正義

法規、正当性、断ち切る、
正義が問い直される、
天の聖剣の出番

情を介さず、あなたの正義を貫きましょう。何が本当に正しいことなのか、争うのは法廷ばかりではありません。天の裁きにゆだね、正々堂々としていましょう。

IX　隠者

隠遁、求道、禁欲、悟り、難行苦行

表立った動きに出ないこと。デジタル社会の情報の嵐から自身をシャットアウトし、あなたの中にわき上がるものがあるまで内省して自分の内側と向き合いましょう。光を感じて先に進めたのなら、ひととき悟りの境地に達しているのでしょう。

X　運命の輪

流転、過渡期、危機的状況、
宇宙の営み、意識の大改革

今は何もできないかもしれませんが、生きている限りチャンスは必ずめぐってきます。状況を受け入れ、逆境を逆手に取るぐらいのつもりで今を生き抜きましょう。

XI　力

剛毅、尊敬すべきリーダー、
単純ではない力関係、
自分との戦い、己を飼いならす

戦い方が問題です。じっと耐えるしかないかもしれませんが、美しく、気高くありましょう。勝敗は最後の最後までわからないのです。堂々としていることです。

XII　吊された男

心身ともに耐えがたい苦境、
我が身をささげる、信念、
ペンディング、視点を変える

あなたのためではなく、他の誰かのために生きること。いつものあなたを捨てて、別のやり方を採用しましょう。この先報われるための通過儀礼と考え、あなたの身体が耐えうる限り、時が過ぎるのを待ちましょう。

キーワード	ピンチをチャンスに変える切り札として

XIII　死

自然の摂理、大地に帰る、肥やす、命がけ、不毛

何ごとにも寿命があることを受け入れましょう。ピリオドを打つ、止める、終わる、別れる……それが今求められています。そのうえで、いずれ来る最期の時に悔いを残さぬよう命の限り生きましょう。

XIV　節制

節制、中庸、デリカシー、天使のような所作、試行錯誤

何ごともさじ加減が大切です。少しずつ、徐々に進めましょう。中途半端と言われようが、軌道に乗るまで行きつ戻りつ、繊細なひと手間をはぶかないこと。これが人か天使かの分かれ道です。

XV　悪魔

性の力、支配されたがる、富や快楽、魔が差す、動物的な力

正攻法ではないやり方をとっても手段を選ばず、要領よく切り抜けること。そのうえで、時にすべてを承知で、動物的な本能で道を切り開くのも手ですが、法を犯さないよう注意しましょう。

XVI　神の家

人間の総力、燃え上がるような体験、自我の解体、全身全霊、人生の山場

あなたの総力をもって全身全霊でことに当たりましょう。あなたの存在感が強くなるか、あなたが「解体」されるか、打撃と変化は避けられないかもしれませんが、偉業を成し遂げるのです。自分が壊れることも必要かもしれません。

XVII　星

望徳、スピリット（高度な精神性）、内なる光明、匠、マスターピース

目に見える現象にとらわれないでください。問題はモノやお金ではなく、あなたのスピリットにゆだねられているのです。芸術や思想・哲学の分野も重要です。そこから必ず道が開かれます。

XVIII　月

反射と反応、月の周期、無意識、マインド（心）、想像力、虚構

心の無意識の領域については、その心の持ち主でさえ扱うことが困難です。大切なことはそれを理解すること。悲しみも苦しみも、ただ抱きしめ、同じ人間どうし共有しましょう。

キーワード	ピンチをチャンスに変える切り札として
XIX　太陽 日々の幸せ、ボディ（肉体）、活力、明るく健やか、人とつながる、友愛	人と向き合い、手を取り対話しましょう。自分ひとりで生きようとしないことです。生きるためには食べなければならず、そのために口があり、口はことばを発するためのものでもあります。
XX　審判 救済、祝福、報われる、信念、高次の生まれ変わり、覚醒	あなたにはまだ「改造」の余地があります。自分の出生と存在をすべて肯定して、一段階上のあなたを目指しましょう。今のあなたを導けるのは神や死後の世界の観念かもしれません。そんな世界にも触れてみましょう。
XXI　世界 最終地点、至高の領域、安定性と完全性、あらゆるものの一体化、不滅の力	あなたの意志で始まったわけではない人生の旅ですが、途中でやめずに、最後まで生き切りましょう。いつ旅が終わるのかは神のみぞ知ること。行けるところまで行ってください。
番号なし　愚者 放浪者、魂、輪廻転生、その日暮らし、人の世話になる、ふらりと足を運ぶ	あなたの魂のままに。まず魂を感じようとしてください。魂を感じることは、あなたの強い情熱に、感情に、思考にも転化できるはずです。魂をバネに、自分を自由にしてみましょう。今はむしろ決断しないことです。

294

第2部 小アルカナ

MAINOR ARCANA

小アルカナの図版と解説は、「C・バーデル版」を
元にまとめています。他に「J・ノブレ版」とその
原版（フランス国立図書館所蔵）も参考資料とし
ています。

第1章　概略

特徴と起源

　タロットの小アルカナと言えば、ワンド、ソード、カップ、コインの4スートが各14枚、合計56枚となるのが一般的です。そのうち40枚の数札は、大アルカナと異なり人物や風景の描写はなく、トランプのようにアイテムがいくつか描かれているだけの数の序列を表すシンプルなイメージです。

　そのスタイルは古いタロットから受け継がれたものです。1450年の最古のヴィスコンティ・タロットは、ルネッサンス芸術の一作品と言われるほどの美しいテンペラ画（中世の絵画技法）で、当時の貴族のものであろう杖、剣、聖杯、貨幣が金彩色で描かれています。1491年作品のソラ・ブスカ版は、欠損がない78枚の完全なタロット・セットとしてその価値を認められ、現在イタリアのブレラ美術館に保管されており、ウェイト版の小アルカナの原案にもなりました。

　1400年代は、カードメイカーたちがスートに星、矢、鳥、犬、タカ、鏡、台座、月、碇、ドングリなどの色々なシンボルをとり入れようと試みていた時期でした。

　1425年ごろ、フランスでは、ナイビと呼ばれる札を使った賭博が盛んでした。賭博熱に浮かれる市民をよしとせず、キリスト教会がナイビは悪魔の道具であるとして糾弾し禁止令を出しましたが、賭博の流行はとどまるところを知らず、イタリア、スイス、ドイツなど近隣諸国にまで広がりを見せま

す。カード賭博の全盛期となる1500年代に入って初めて、フランスでTarot
（タロー）ということばの使用が認められており、周辺各地にも定着していき
ました。日本には英語読みの「タロット」が伝わりタロット文化が花開いた
次第です。

小アルカナの正位置・逆位置について

　そもそも、マルセイユ・タロット発祥期に、「逆位置」という概念があっ
たかどうかは定かではなく、賭博やゲームでの使用は伝え聞かれますが、そ
こで出目が正位置か逆位置かで扱いを変えていたという事実も確認されてい
ません。

　しかしながら現職の占師の間では正逆を採用するのが主流です。本書は、
タロット・ビギナーに向けてマルセイユ・タロットを身近に感じ、日々の実
践に取り入れてもらうことを目標にしているため、あえて正・逆の項目を分
けて立てています。みなさんが今使っているタロットと同じように、このマ
ルセイユ・タロットも使えるのだというひとつの提案です。

　本書で採用している「C・バーデル版」のマルセイユ・タロットは、カッ
プ、コイン、ソードの正逆が明確で、判読に悩まない点でもビギナー向けだ
と言えるでしょう。とは言え、ワンドで正逆の判読が確実に可能なものは
ACE、4、6程度でしょう。この3枚以外はほぼ正逆の区別がない札となり
ます。これらの札に対しては無理に区別をつけずに1枚の札として解釈する
ことをおすすめしています。たとえば「武器」というスートが登場すること
自体にメッセージを感じましょう。

　タロット占術を追求するなかで、多くの人が突き当たるであろうタロット
の元々の成り立ちや正位置・逆位置の問題について、引き続き課題としたい
所存です。

4スートと4つのアイテム

　さて、数札についてはタロットとトランプでは絶対的な違いがあることに触れました。この絵柄構成こそが読み解きにおける重要なカギとなります。

タロットに受け継がれたラテン式スート
トランプのフランス式スートとの違い

WAND = CLUB
クラブ（棒）

SWORD =
ソード（剣）

CUP = ハート（愛）

COIN = ダイヤ
（金銭）

　上　主にイタリア、スペインに見られるラテン式スート。1300年代に中東からヨーロッパへ流入し、タロットにも取り入れられるようになる。
　下　フランス式のスート。現代のトランプでおなじみだが1400年代にはフランスで流行している。左から生、死、愛、お金を示している。

　マルセイユ・タロットの小アルカナの4スート、ワンド、ソード、カップ、コインを見ていきましょう。

　ワンド（棒）は木の棒を表しています。ワンドのACEは枝葉が茂り比較的太いこん棒で描き表され、2以降はバトン、もしくはクラブが杖や指示棒などの道具として描かれています。花や装飾とともに描かれている札もあります。青々とした樹木や草花は自然の力、生命力の象徴でもあり、宇宙を構成する四要素の火の諸力に結びつけられてきました。

　フランス式のトランプのスートでは、ワンドはクラブに相当し、黒いクローバーのマークで示されています。

　ソード（剣）は推定1659年の最古の「ノブレ版」以来、「湾曲したソード」の絵柄がひとつの特徴的な伝統と言えるでしょう。剣は、太古より王権のエンブレムでもあり、人間の理知、進化、文明の象徴とされてきた一方で、破壊や攻撃を暗示するものでもあります。タロットの判読において、ワンドと見間違えることがないように、いつしかソードは湾曲して描かれるようになったと言われていますが、現存する推定1400年代に制作された最古のヴィスコンティ・タロットである「ブランビラ・パック」の絵札に描かれているのは大きく湾曲した美しいサーベルです。サーベルはもともと騎馬兵のために作られたもので、馬上の騎士が動きながら攻撃とともに防御にも有効活用できる武器として発達してきたものでした。

　ソードはトランプのスートではスペードに相当し、「死」を表すものとされてきました。

　カップ（杯）はシンボリズムにおいて、水、浄化、水のような流動性を表し、形状のない人の心、変化しやすい感情の波と結びつけられてきました。また、カップは液体を入れる容器であることから、実体のない人間の心の入れ物だとも考えられてきました。教会で用いられている聖杯は人の信仰心と忠誠心を示す一方で、芸術的な力を表すものでもありました。

　カップはトランプのスートではハートに相当し、「愛」を示すものとされてきました。

　コインは黄色に染まった金貨で描かれています。貨幣は物の価値を表す道具です。ある物を得るために支払うことに使用されるほかに、所有者の財力、地位、格式を証明しうるシンボルでもあるでしょう。
　コインはトランプのスートではダイヤに相当し、「金銭」を示すものとされてきました。

　これら各スートのアイテムの描かれ方が、トランプとタロットにおける絶対的な違いです。
　タロットではスートごとにアイテムの配列が変わるのです。トランプではスートによりアイテムの並び方が変わるということはありません。

スートにより異なるアイテムの配列

　大アルカナが物語の表紙絵のような象徴絵図であるのに対して、小アルカナは物語の中のワンシーンを表す挿絵のようなものです。40枚の数札は、スートごとに描かれているアイテムとその数、もっと言えば「数と図形」をどう読み解くかがカギです。

　4スートそれぞれの「5」「6」のアイテムの配列を見てみましょう。配列は数式で表すと理解しやすくなります。
　ワンドとソードは $5 = 4 + 1$ という数式で表すことにそれほど異論はないでしょうが、人によっては $5 = 2 + 2 + 1$ にも見えるでしょう。カップとコインは $5 = 3 + 2$、あるいは $5 = 2 + 2 + 1$ だとも考えられます。

　6に至っては、スートごとにアイテムの配列が変わり、4タイプの考え方が表現されていることがわかります。

3本のワンドの束がもうひとつの3本の束と交差し、中央の一か所でクロスしている。
6＝3＋3

3本のソードの束が対になり湾曲して円を形成している。2か所でクロスしている。
6＝3＋3

2列3段に並ぶカップは完全に左右対称になっている
6＝3＋3
もしくは
6＝2＋2＋2

三角形と逆三角形のような並び方のコインローマ数字は左のみにあり、左右対称ではない
6＝3＋3もしくは
6＝1＋1＋2＋2

　「6」に共通の概念が、「**6＝3＋3**」です。ここでもカップとコインは、下線を引いた数式へと数の概念が細分化されていきます。マルセイユ・タロッ

トの非常に興味深い核心部分でもあるのですが、タロット占術においては相談者に対して答えを導き出すことが目的になりますので、ひとつの絵札をどうとらえどう解釈するのか、目安を定める必要があります。本書では、絵柄の中の「草花の文様」にもサインを見出し、最終的にアイテムの配列を重視して解釈を絞り込んでいます。

　たとえば、カップの「3」から「7」までの流れを見てみましょう。

　「3」では、3つのカップで作る**三角形**が見られます。ここに1つのカップが加わった「4」では4つのカップが作る**四角形**のイメージが見られます。その中央に1つのカップが加わったものがカップの「5」であることから、5＝4＋1の数式が成立します。その際、四隅にある4つのカップに四角形を見出すことができますが、よく見るとすべてのカップが**草花の文様**で分けへだてられてもいて、厳密には5＝1＋1＋1＋1＋1というすべて分割されるイメージかもしれません。しかし、すべての数が1の集合体になるので、ここまでの分割は控えます。その前後の札の数式を受け継ぐという流れも考慮し、本書では解読を行っています。「7」では一見上下で分かれつつも、下3つのカップをそれぞれ隔てるものはなく、7＝3＋2＋1＋1という個性的な配列が見出せますが、あくまでも「6」＝3＋3を継ぐ「7」であることから、7＝3＋3＋1を採用しています。

次に、コインの「3」から「7」までの流れを見てみましょう。

　「3」では、3つのコインで作る三角形が見られます。ここに1つのコインが加わった「4」では四角形のイメージが見られます。すべてのコインが草花の文様で分けへだてられていて、4＝1＋1＋1＋1とも考えられるかもしれませんが、3＝2＋1を継ぐ「4」であることから、4＝2＋2を採用しています。中央の紋章が大きく描かれ目立っているのも特徴的で、「5」の中央のコインを1つはずしたような印象でもあり、4＝5-1である暗示も見て取ることもできます。なおかつ、華やかな花模様から何らかの成果の暗示も感じられます。

　このように小アルカナの数札は単体ではなく、その前後のイメージがどう変化したものとなっているかを重視して数式を決定し解読に当たります。

形について──4つの配列＝4つのコード

　ここでは西洋占星術と数、図形の関わりについて説明します。数と図形にも伝統があり、西洋占星術のホロスコープ解釈にも取り入れられていて、円の中に見出せる点と線によって占師が吉凶判断をします。1～4の数は、それぞれ点・2本の直線・3点に囲まれた三角形・4点に囲まれた四角形とし

てチャートの中に見出せます。表で確認してみましょう。

数と図形とホロスコープ

数	図形	ホロスコープでの解釈
1	点	2つ以上の星、ここでは太陽と月が1か所に集まる合もしくはコンジャンクションと呼ばれる座相。吉凶混合の強い作用がそこに発生します。**強いエネルギー**の存在が強調されます。
2	線	2つ以上の星、ここでは太陽と月がたがいに対角にあるオポジションと呼ばれる座相。対立・衝突を引き起こす強い凶座相とされる一方で、たがいに適切な役割分担を担うことでパートナーシップを極める座相でもあり、いずれにしても**緊張**した関係性を示します。
3	三角形	3つの星、ここでは太陽、月、金星が正三角形を形成するトリン、トラインと呼ばれる座相。3種の星が織りなす**調和**の象徴。とくに1つの角が60度となる正三角形は大調和座相とされています。
4	四角形	4つの星、ここでは太陽、月、金星、火星で四角形が形成されるスクエアと呼ばれる座相。星と星との摩擦やあつれきを解釈する、**試練**の座相。とくに1つの角が90度となる正方形は強い試練となりますが、克服可能な壁とも呼ばれており、現実的にものごとを解決する妥協点を見出すための座相でもあります。

　　小アルカナの数札においてもアイテムの配置に同様のメッセージを見出すことができます。数札40枚を攻略するべく、次は4つの数について、コードを導き出してみました。

数札に見られる4つのコード

数	小アルカナの図像	コード	コードの解析
1	 1つのアイテムもしくは中央に**孤立**して描かれるアイテムが見られる	トリガー	これ以上分解できない数は強いエネルギーの暗示。起動力にもなり、この数があるところには**大きな変化**が見て取れます。トリガー（引き金）カードと言えるでしょう。 2＋1など「**プラス1**」となっている部分にも同様の要素が見出せます。
2	 2つのアイテムもしくは**2つの半円**	バランス	相反する2つの要素がたがいに引き合い、一定の**バランスが保たれています**。どちらに転ぶかわからない、楽観視できない状況。
3	 3点を結ぶ**トライアングル**が見られる	トライン	2＋1＝バランス＋トリガーであり、バランスに**変化**が加わり生み出されるものがある段階。相反していたものから相乗効果への転換。 逆三角形は生産性に未熟さがあることの暗示である一方、六芒星に欠かせないパーツでもあります。
4	 4点を結ぶ**スクエア**が見られる	スクエア	2＋2＝バランス＋バランスであり、安定感が強まります。2倍のバランス力が働いており、消耗する段階。4という数には現実性、安定性、不動性の暗示もあります。

まとめ

小アルカナの解釈の基本をまとめると、以下の通りです。

1　トリガー・カードは起爆性を表します。大きな変化を読み取りましょう。

2　バランス・カードは、原則動きがない状態です。「草花の文様」があるなら動きのきざしを感じ取りましょう。

3　トライン・カードはラッキー・カード。「草花の文様」があるなら強調して読み取りましょう。

4　スクエア・カードはアンラッキー・カード。「草花の文様」があるならソフトに読み取りましょう。

5　コード＋規模を解釈します。数が大きくなるにつれ、変化の規模が大きく、内容も複雑になります。

まずは１〜４にかかわる４つのコードを押さえ、くり出した札がどのコードに属するものかを見定めてみましょう。

ACEから10に進むにつれて個人的なことからより広範囲のことへとメッセージが広がっていきます。「7」以降が多出するなら組織や地域、国レベルで変化があり、その影響を受ける可能性を読み取ることができるでしょう。相談者の外の世界の変化まで読み取ることは難しいところでもありますがマルセイユ・タロットの小アルカナなら効果を発揮できるかもしれません。

数と図形の神秘を秘めた個性的な40の数札について、本書では解釈を限定せずにコードの解析・解説・解釈例を伝えるにとどめ、その肉づけは占師に託します。本書を参考にしていただき、あなたなりに案件ごとに、数札の読み解きを実践してください。

マルセイユ・タロットの小アルカナには絵柄がないという強みを生かし、

実践していきましょう。

　タロット解釈は「こう感じなければ、こう読まなければならない」もので
はありません。自分なりの「タイトル」「コードの読み解き例」を作成して
ください。必ず自分でどう解釈するかを設定してから、占断に入るようにし
ましょう。

第2章　数札

　それではスートごとに1枚ずつ数札を見ていきましょう。カップは明確に正逆が判断できるため、筆者はこのスートから数札に慣れ、次にコイン、ソード、最後にワンドという順番で学びを進めています。

カップの札　Cups/Coupes/Coppe

　描かれているカップは草花の文様で隔てられており、「5」までは、ひとつのカップがいくつか集められた集合体でトラインかスクエアになる図像で表されていることがわかります。「6」は3つのカップが2グループ集合したもので、以降は、カップの集合体と集合体とがかもしだす調和がテーマのようです。「10」のみ草花の文様がありません。これがこのスートの数札の最

1　　　　2＝1＋1　　　3＝2＋1　　　4＝2＋2　　　5＝4＋1

6＝3＋3　　7＝3＋3＋1　　8＝3＋3＋2　　9＝3＋3＋3　　10

たる特徴でもあります。何物にも触れず空に漂うような10のカップ、カップのみが物語る事柄を感じ取りましょう。

「2」は特に装飾を凝らしたデザインとなるのが伝統です。

カップは人間生活における愛と調和と試練を物語る札です。カップの数が増えれば、その内容は広く浅くなり、複数の人に行き渡るのでしょう。

コインの札　Coins／Deniers／Denari

コインの中に描かれているユリの文様（フルール・ド・リス）で正逆を判断してください。

1　　　　　2　　　　　3＝2＋1　　　4＝2＋2　　　5＝4＋1
　　　　　　　　　　　　　　　　　　　＝5－1

| 6 = 4 + 2 | 7 = 4 + 3 | 8 = 4 + 4 | 9 = 4 + 4 + 1 | 10 = 4 + 3 + 3 |

　コインは平面的に正円で描かれ、美しい紋章が彫刻された金貨のようです。

　ひとつひとつのコインが、草花の飾り模様に分け隔てられるように、もしくは複数になってグループを形成するかのように描かれています。

　「2」にメイカー名が入ることが伝統でもあります。

　コインは人間の生活における金銭や物質の動きを表します。ACEから順に段階を追って、個人的なお金の動きから、社会の大きな変化へと転じていく流れを読み取りましょう。

ソードの札　Sword/Épées/Spade

　湾曲した剣、もしくはその中央に描かれた剣の持ち手が下に来ている状態を正位置ととらえましょう。

　先に触れたように、「バーデル版」では、「8」の正逆が不明瞭であるため、この札は正逆を採用しない、つまり常に正位置で解釈することとなります。占的な内容や隣接する札の影響を考慮し、過不足も意識して表現しましょう。本書では大アルカナ第3章、逆位置の項目を参考にしてください。

　切り裂く武器でもあるソードが絵札いっぱいにほぼすき間なく並ぶ図像に

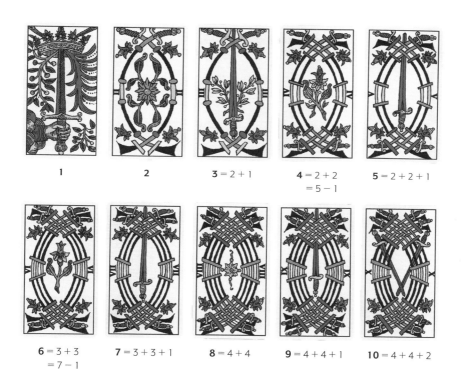

1

2

3 = 2 + 1

4 = 2 + 2
= 5 − 1

5 = 2 + 2 + 1

6 = 3 + 3
= 7 − 1

7 = 3 + 3 + 1

8 = 4 + 4

9 = 4 + 4 + 1

10 = 4 + 4 + 2

は、どこか息が詰まるものがあります。最も使用に注意が必要な道具であり、解釈においても危険を表すサインでもあるなかで、草花の文様に、緊張をやわらげ調和させるイメージを見出すこともできるでしょう。

　ソードは人間の理知や思考に関わる動きを物語ります。ビジネス・スタディ運として取り扱うことが可能です。この武器が頻出するのは一種の不調和座相と言えるでしょう。

ワンドの札　Wands/Bâtons/Bastoni

　ワンドには装飾が施され、王侯貴族の権威を示す持ち物として華やかに描かれています。正位置・逆位置が不明な札が多くなるので、あえて正逆を採用しないことをおすすめします。どうしても採用したい場合にそなえて、「小アルカナ　コード解析表」には、「逆位置」の項目を設け、参考までに解釈例を記載してあります。いずれにしても、正逆により札の本質が変わることはありません（第1部第3章参照）。先に触れたように、「バーデル版」では、明確に正逆を判断できるのがACE、4、6です。それ以外は、正位置の意味合いを取るとしても、占的の内容や隣接する札の影響を考慮し、過不足も意

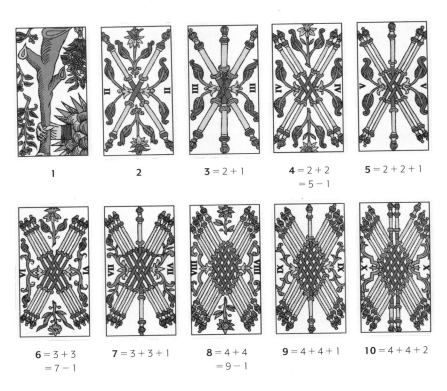

<table>
1 | 2 | 3 = 2 + 1 | 4 = 2 + 2
= 5 - 1 | 5 = 2 + 2 + 1
</table>

1	2	3 = 2 + 1	4 = 2 + 2 = 5 - 1	5 = 2 + 2 + 1
6 = 3 + 3 = 7 - 1	7 = 3 + 3 + 1	8 = 4 + 4 = 9 - 1	9 = 4 + 4 + 1	10 = 4 + 4 + 2

識して表現しましょう。

　ソード同様、ワンドもまた武器としての一面を持ちます。絵札一面に多数のワンドがひしめきあっている「9」、「10」あたりの札は、少々気が重くなるイメージかもしれません。しかしながらソードとは異なり、描かれているワンドはすべて中央で交差しひとつに結ばれています。ここに、ものごとを分断するのではなく、結束させるためのワンドの力を解釈していきたいところです。

　ワンドは人の生命力、意志、創造性を物語る札です。社会生活の中での自己の在り方や心と身体の健やかさにも関連した解釈ができるでしょう。健康運に関連するものとして取り扱うのもひとつの方法です。

　ワンドが頻出するのは強い警告の暗示だと言えるでしょう。

　数札はどれもトリガー、バランス、トライン＆スクエアが見出せ、まるで吉凶の要素がすべての札に託されているかのようです。

　解釈に迷う時には時間をかけて絵札を見つめて、数値と形に思いをはせてください。自分の中に湧き上がってくるものを大切にしましょう。おぼろげなメッセージは必ず文字にして書き表してみてください。

　タロットをあやつるからにはそのたびに得たいものがあるからでしょう。図像からあなたなりにヒントを得て、前に進むことに力を注いでください。

第**3**章 人物札

　さて、仕上げは人物札の攻略です。

　これまで22枚の大アルカナと40枚の数札、計62枚を解読してきました。過去から続く現在、そして今後の成り行きへと行路を物語る62枚の札ですが、その物語の登場人物を表すものが人物札です。

　4スートそれぞれに4種類の人物が16人描かれています。タロット展開の中に現れている人物札は、問題のカギをにぎるキーパーソンです。相談者とその関係者たちがどのような札で展開の中に現れるか、そこに問題解決の大いなるヒントがあるのです。展開の中の「人物札が誰なのか」、相談者を含め関係者を登場人物ととらえ、人々がどのように振る舞い、考え、どのような人間模様が織り成されるのか、これまでのTrialでの取り組みなども思い出しながら、徐々に大小のアルカナのポイントを絞っていきましょう。

　多くのマルセイユ・タロットがあるなか、どの版を選べばいいか迷ってしまうという相談をよく受けます。その場合、小アルカナの人物札を見て決めるのもよい、とおすすめしています。表情やしぐさの個性が際立つ人物札ですので、パッと見た時の好感度が高いデッキを選べば、取り扱いに楽しみも増すでしょう。

　では、16人のポイントを押さえていきます。

カップの人物札

　4人はすべて左を向いていますが、王のみが顔を右に向けています。王と女王は顔を向けあい、仲むつまじい様子に見えます。王は貫禄たっぷりにどっしりと構え、オープンマインドであるのに対して、女王のカップにはフタがあり、これは彼女がまだ心を閉ざしている象徴だと言われています。騎士は戦いよりも愛に生きるタイプ。ただし持っているカップは4人の中で最も浅くなっています。愛の本質などにはうとく、人として未熟なところがあるのでしょう。小姓は愛について、最初の一歩を踏み出したような存在です。まだまだ愛の扱い方などはわからず、カップのフタをするべきか否かもわかりません。自分のセクシャリティにとまどっているという説もあります。

　カップの一族は、皆で泣き笑いしながら人として成長してきずなを強めていくようなファミリー。過干渉が玉に瑕かもしれません。私たちの多くが人とのきずなを求め、そこに幸せを見出そうとするものです。愛し愛されることとは、ある意味私的なことであり、表面化していないこともあるでしょう。

カップの王

心優しい人情派、ふところ深く、どっしり構えた男性。人間の内面をよく見抜き、命令せずとも部下を動かす采配の達人。

包容力ある父、夫、相談役

逆位置のキーワード　癒やされる必要がある、自分の愛に応えてもらえないと荒れる、依存症

カップの女王

感受性豊かで内向的、受け身な女性。非常に繊細で、神秘主義的な一面を持つ。

柔和な母・妻、芸術家タイプ、美しいものが好きな人

逆位置のキーワード　嫉妬深く根に持つ、過去を蒸し返す、自分の殻にこもって妄信する。

カップの騎士

愛を探し旅する人。気軽に愛を与えまた受け取る。駄々っ子のような言動に出る。

人当たりがよい好青年、仲間内で人気の若者、サービス業に従事する人

逆位置のキーワード　誰にでも「いい人」になる、自分がない、軽い、恋多き人。

カップの小姓

生まれたままの感情のみが働いており、愛し愛される力に長けている。若い分、傷ついても回復が早い

無邪気な少年少女、甘え上手な子ども

逆位置のキーワード　人に世話を焼かせる、現実では役に立たない、甘えが過ぎる。

コインの人物札

　王と女王、若い騎士と小姓が向き合い、同世代での調和が見受けられます。小アルカナの人物札のなかで、唯一、足を組む王と横向きの女王は、ともに大アルカナの「皇帝」に重なる存在です。2人の結婚は由緒ある一族同士の決められた縁談だったのかもしれません。女王は彼女の過去と手にしているコインに見入り、完全に左側を向いています。左を向き真横から描かれているのは彼女だけです。彼女は自分が育った家と嫁ぎ先の家をつなぐ存在で、両家の宿命が手にしているコインで暗示されているかのようです。騎士はコインを宙に投げ、ジャグリングしているかのようです。小姓の手には使えるお金があり、足元にもお金が埋まっています。それを生かすも殺すも彼自身であり、今後が楽しみな存在です。

　受け継いだ財を守りながら豊かに暮らし、またその財を後世に受け継がせることができるコインの一族です。経済力は誰にとっても幸福の要素には違いありません。お金の使い方にはその人の生きざまも反映されることでしょう。

コインの王

経済界の王、お金の達人。世襲ではなく商家からのし上がった王で、政治家とは異なる手腕で国を繁栄させる

しっかり者の父・夫、経営者、オーナー、資産家

逆位置のキーワード　金に物を言わせるいやらしさ、成金、浮浪者に身を落とす。

コインの女王

伝統と格式を守る女性、メリットを重視する、品位ある子育て、バックに資産家がついている人。

良家の母・妻、社長夫人、後援者

逆位置のキーワード　営利・物質主義、「命の次に大切なお金」が口ぐせ、欲深い。

コインの騎士

金の力をおとしめず、尊いものにする、斬新な経営手腕を発揮する、お金の力を最大限に発揮させる。

稼げる若者、若き起業家

逆位置のキーワード　脇が甘い、不注意による損失。

コインの小姓

確実な貯蓄と慎重な支出、将来の「経済界の王」になれる可能性がある。

コツコツ努力する少年少女、お小遣いを貯める子ども

逆位置のキーワード　出し惜しみ、遊び心がなくつまらない

ソードの人物札

　王が左を向き、あとの3人が王を見ていますが、逆位置になると王と3人は離反する構図となります。王は若く、剣のほかに小刀もたずさえ、王者の貫禄というよりは慎重さかつ用心深さを感じさせる存在です。女王は未亡人だとも、その表情に憂いが見られるなどとも言われ、自ら剣を取り我が身を守らなければならないようです。そもそも結婚とは、法の下の契約。契約を解除する必要が発生すれば法的手続きを取るだけのことでしょう。目的も役割分担も明確な分、スムーズに子どもを育て上げ、晩年は悠々自適な生活を送るかもしれません。騎士は知能派にして荒馬を御せる腕を持ち、社会で嵐を巻き起こす存在と化す可能性があります。小姓は青い剣と赤いさやをたずさえ、切ることへの興味と好奇心にあふれた剣士の卵です。

　ソードは青く、聖剣として描かれています。彼らは、私的な感情をはさまず生きるために闘う「知恵者」ではありますが、やはり剣を扱うだけに、流血につながる行為におよぶこともあるでしょう。親でさえ場合によっては切り捨てるのがひとつの利口な生き方だというソードの一族です。

ソードの王

知力にあふれた革新的な存在。リーダーとして重大な評決を下すことを恐れない。

厳格だが熱くならない父・夫、有識者、法律家

逆位置のキーワード　独裁、やられたらやり返す、容赦のない仕打ち

ソードの女王

警戒心が強く、鋭い女性。孤独を好み、いつもガードをゆるめず、神経を張り詰めている。文才に優れ発想力がある。

細かくて厳しい母・妻、自立した女性、教職者、静かなる論客

逆位置のキーワード　意固地、理屈ではわかっていても行動できない

ソードの騎士

困難を切り開きながら突き進む勇者。行き過ぎて無慈悲な言動や破壊行為に至ってしまう可能性がある。

未熟な学生、社会に出たばかりのビジネスマン

逆位置のキーワード　自分と他人を傷つけ失速する、病気やケガによる撤退

ソードの小姓

好奇心旺盛で目新しいものを好み、何にでも興味を抱く存在。ひとつのことにこだわらないタイプ。

無知から道を誤る年少者、言動がストレートで残酷な子ども

逆位置のキーワード　操作する、小細工をする、機械的な対応

ワンドの人物札

　4人はみな右を向き、未来に向けて視線を注いでいます。王と騎士がやや流動的なスタンスをとっています。王はまだ若いのでしょうか、軽いフットワークを感じさせる風貌です。女王は懐妊しているという説があり、確かに誰よりも大きなワンドとふくよかなドレス姿が見て取れます。騎士と小姓はワンドに成形されていない木の棒を片手に持っており、王と女王が発する力とは異なるステージの力を持つことがわかります。それはかなり本能的で、動物的でもあるでしょう。白馬が似合う騎士は情熱とロマンに生き、小姓は素朴で元気で単純明快。彼らのエネルギーは創造性、多産性へと変換され、魅力的な力ある人物である一方で、すべてを破壊する可能性も秘めており、炎のように燃え尽きたいところがあるのです。

　ワンドは創造力のシンボルです。創造とは、まだ存在していないものをこの世に生み出すことであり、しばしば周囲から理解されない場合もあります。この一族は、原初の力を担うパイオニアだからなのでしょう。

ワンドの王

勢いがあり明朗快活、率直で勇気ある指導者。強烈なリーダーシップのせいで、しばしば孤高の人にもなる。

激高しやすい父・夫、よくも悪くも激しくにぎやかで親分気質

逆位置のキーワード　他人を巻き込み燃え尽きてしまう、利己的でどん欲、パワハラをする

ワンドの女王

強い意志と独立心を持ち、強者に対して決して屈することなく、挑戦し続ける女性。華があり人目を引く存在。

ファッショナブルな母・妻、パーティーが好きな女性

逆位置のキーワード　支配的でわがまま、独断と偏見が強い傾向、三面記事をにぎわす芸能人

ワンドの騎士

熱しやすく冷めやすく、じっとしていることが苦手で移り気なタイプ。

芸術・芸能の分野を目指す若者、目立つ人

逆位置のキーワード　せっかちで人の邪魔をする、愛や仕事が続かない傾向

ワンドの小姓

精神力が強く、創造的な潜在力を持つ。

反抗期の少年少女、やんちゃな幼児

逆位置のキーワード　欲望や衝動を抑えられず落ち着かない、好き勝手を許される子ども

第4章
キャスティングと
シグニフィケイター

キャスティングについて

　小アルカナを用いたタロット占術では展開の前に、あらかじめ相談者を16枚の人物札のいずれかに設定し、「シグニフィケイター（Significator）」と定めておくと、解釈の手助けにもなります。相談者がどの人物札に相当するか設定する作業を「キャスティング」と言います。

　キャスティングとは配役のことです。多くの人がからむ複雑な人間関係の相談などで、人物札が相当数くり出されることなどが予想される際に、あらかじめ配役を決めおくことがブレない鑑定のカギになります。16枚の人物札すべてにキャスティングをする必要はありません。

　キャスティングの手順と決め手となるポイントは次の通りです。

　1　相談者あるいは主要人物の人物札を決定

　　Ⅰ　年齢・性別・タイプを表にてチェック

　　Ⅱ　スート＝四大元素の相性関係表にてチェック

　2　1と関わり合いの強い登場人物の人物札を順次決定

人物札のキャスティング参考表

　例えば、「若い男性が恋愛相談に来た」場合、横列に進むと、「ソードの騎士」か「カップの小姓」になります。その人が仕事で忙しく出会いがないなどなら「ソードの騎士」、片想いをしている女性がいるという恋愛相談なら「カップの小姓」に設定できます。若い女性が進路の相談に来た場合、「ソー

ドの小姓」か「コインの小姓」が適当でしょう。その女性が勉強の方法で悩んでいるなら「ソード」、まだ自分のやりたいことがわからないなど、適性に迷っているなら「コイン」がよさそうです。年齢、職業、12星座、相談案件などにより「カップの騎士」などマッチングさせてください。

年齢／性別／タイプ／職業	相談案件 関連事項	12星座	小アルカナ のスート	小アルカナ の人物
中年以降の男性、権威者、経営者、リーダー、トップ、父親、上司、押しが強い	健康運 人生における挑戦、達成したいこと、勝利、成功	牡羊座 獅子座 射手座	ワンド	王 King
中年以降の女性、社会的地位のある女性、母親、上司、保護精神の強い人	金運 相続 経済一般	牡牛座 乙女座 山羊座	コイン	女王 Queen
若い男性、改革者、ビジネスマン、学生、仕事人間、クールな人	仕事運 進路、方向性 人間関係のトラブル	双子座 天秤座 水瓶座	ソード	騎士 Knight
若い女性、年少者、学生、子ども、未熟者、幼児性が強い人	恋愛・結婚運 男女間のトラブル	蟹座 蠍座 魚座	カップ	小姓 Page

小アルカナ スート	四大 元素	対応惑星	人間の精神活動と行動
ワンド	火	人間の根元的なエネルギー、生命力と身体に関する事柄	戦うこと、怒り、自己主張、野心を燃やす 食べること、寝ること、身体の欲求に従うこと 動物的、本能的な事柄など
コイン	地	人間の感覚、肉体と精神の統合力、五感に関する事柄	バランスを取る、合理的に動く、メリットに根ざした言動 我欲や熱意を抑え、現実的で確実な方法を選択する 立場や社会性を重視して人と接するなど
ソード	風	人間の理性、理知、思考に関する事柄	考える、冷淡になる、厳しくなる 物事の判断・決定を下す 批判をする、対立・対決する、傷つける、攻撃するなど
カップ	水	人間の心、感情、情動に関する事柄	感じる、愛する、慈しむ、甘える、周囲に流される 思いやり深く行動し、接する 幸福感、充実感を得る、心温まる人との親密な交流など

スート＝四大元素の相性関係

自然界に見る植物の営みを火地風水で表してみましょう。

万物の源となる太陽の力＝**火**によって**地**が温められ、地中の種子が酸素＝**風**と**水**を得て発芽し、葉や茎が育ち、花実を生み出し、種を**地**に返します。**風**はときに吹き荒れ**地**を不毛にし（乾燥と酸化）、**水**が太陽の力＝**火**をさえぎることもあるでしょう。

自然界	火地風水との照応	火地風水の相性関係

火によって**地**が温められ

相乗（そうじょう）の相性
風は火を起こし、火は風にあおられてよく燃え、水は地に受け止められ、地の上で火はよく燃え、火は地を熱し、水と風がたがいに運び合う場所で命が育つ

相克（そうこく）の相性
地と天を仰ぐ風はたがいに相容れず、火と水は打ち消し合う

地中の種子が酸素＝**風**と**水**を得て発芽し、葉や茎が育ち、花実を生み出す

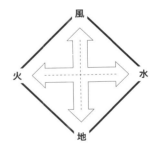

種も茎葉も花実もすべて酸素＝**風**と**水**と、太陽の力＝**火**が生きるための必須条件

風はときに吹き荒れ大地を不毛にし、**水**が太陽の力＝**火**をさえぎる

では、実際の鑑定を見てみましょう。

人物札のみで占う　シグニフィケイター占法
　ここでは人物カードすべてにキャスティングを行い、16枚のみで展開する占法を紹介します。相談から見ていきましょう。

aさん（女性、28歳、無職）からの相談
最近実家の母から『お父さんががんだと病院で説明を受けてきたが、余命について本人に知らせるべきか？』と相談を受け、大変悩んでいます。私はバツイチで健康を害しており、無職で生活保護を受給中で、とくに経済面では実家のためにしてあげられることが何もありません。せめて実家に帰ってあげたい気持ちもありますが、ルームシェアをしている友だちが今ちょうどメンタルを病んでおり、ひとりにしておけない状態です。私には兄がいますが、兄夫婦とは折り合いがよくなく、父と母ももう長年、私と兄夫婦とは別々に会うようにしています。母はこのことを兄にも相談しているのか、本当に私に助けを求めているのか、形として相談しているだけなのか、そのあたりも微妙なのです。

　今回は複雑な人間関係の様子なのでキャスティングからはじめましょう。まず相談者から決定し、相談内容に登場している人物の決定へと進みます。
　今回は家族やルームメイトを思う気持ちでゆれている相談者に「カップの小姓」をキャスティングします。相談者の父母を同系列のカップでそろえたいところですが、不仲の兄夫婦が登場していますので、兄夫婦を相談者とは水と火の相性として「ワンドの騎士」「ワンドの小姓」とし、どちらにもよい顔をしている父母「コインの王」「コインの女王」、相談者寄りの父母「カップの王」「カップの女王」としてみます。相談者と兄に対して別々の顔を使い分けてきたという両親がどこにどのように登場するのかを、相談者のいる現状位置確認として、また、心の持ち方と行動の指針に役立ててもらい

ましょう。このいわゆる「ダブル・キャスティング」も、相談内容に応じて
配役できるように練習していきましょう。

相談者以外の人物の決定　まとめ

相談者「カップの小姓」

相談者の父「コインの王」／「カップの王」

相談者の母「コインの女王」／「カップの女王」

相談者の兄夫婦「ワンドの騎士」「ワンドの小姓」

ルームメイト「ソードの小姓」

相談者寄りの他の関係者　そのほかの「カップ」の人物札

相談者の障害となる関係者　そのほかの「ワンド」の人物札

占的

「aさんは父親の病気に関して、関係する全員のために、今ここで何がで
きるでしょうか?」

ヘキサグラム展開法の⑤と⑥の出目から判断してみましょう。

展開中には、「コインの王」「コインの女王」、つまりaさんにも兄夫婦に
もよい顔をする両親が現れ、本件に大きく影響している様子です。そして
「②現状」の「コインの小姓」は、その王と女王の娘、ということはaさん
であり、どこか「よい子」を演じてしまっているaさんのもうひとつの側面
かもしれません。「⑤aさんの環境」の「ソードの小姓」はルームメイトで
逆位置ですから、非常に不安定です。親にもルームメイトにも気を使いすぎ
て、aさん自身が自分を見失ってしまわないようにという警告が、「④aさん
の対応策」の「カップの小姓」逆位置だともとれます。意外にもaさんの兄
夫婦は展開の中に見当たらず、彼らをさほど警戒しなくてもよさそうです。
　aさんの両親は、子どもたちに、本当の意味での家族愛や仲むつまじさを
教えることができなかったのかもしれません。本来なら「これを機に皆で心

①aさんの**過去**　「コインの王」
　　逆位置＝aさんにも兄夫婦に
　　もよい顔をする母

②aさんの**現状**　「コインの小
　　姓」

③aさんの**今後**　「コインの女
　　王」＝aさんにも兄夫婦にも
　　よい顔をする父

④aさんの**対応策**　「カップの
　　小姓」
　　逆位置＝aさん自身

⑤aさんの**環境**　「ソードの小
　　姓」
　　逆位置＝ルームメイト

⑥**aさん自身**　「カップの騎士」
　　＝第三の男性

⑦**最終札**＝aさんと周囲の皆との調和の象徴　「ワンドの王」

をひとつに」と奮起してもよさそうですが、そういう姿勢はかいまみられません。この両親にaさんが振り回されないことが大切なようです。

　「⑥aさん自身」に出ている「カップの騎士」は、「カップの小姓」と番（つがい）になる関係性ともとれ、この人物との出会いこそが、キーカードで出ている「カップの小姓」を逆位置から正位置に変える存在かもしれません。

　「⑦最終札」は「ワンドの王」、キャスティングからするとaさんの兄夫婦寄りの父の「コインの王」を超えた、ほぼ兄と一心同体とでも言えるような父親の姿として相談者と敵対するようにも読めますが、今回は、強い燃焼力でもって命のともし火を燃やし尽くしているaさんのお父さんの最期の姿と取りました。

　aさんへのアドバイスです。

　「お母様は、お兄さんにも相談していそうですし、本気でaさんに助けを求めているといった深刻な出目ではありませんので、まずは、aさん自身を大切にしましょう。現在の生活に自由にできる要素は少ないかもしれませんが、お金も時間も大切に使ってください。ルームメイトに過度に感情移入しないようにも気をつけましょう。心が離れてしまっている家族の再構築を、と思いおよぶかもしれませんが、aさんがこれから出会うパートナーと新たな家庭づくりの際に、そのエネルギーを使うことが大切なように見受けられます。

　幸い、お父様はしっかりしていらっしゃるご様子です。余命について伝えたとしても、正面から受け止め、最期まで強くあられることでしょう。ご夫婦の札がそろって出ているお父さんとお母さんはまた2人でひとつのよき伴侶でもあったことでしょう。お母さんの采配で動いてもらってはと思いますが、いかがでしょうか？」

　シグニフィケイターとした人物札をメインにした解釈の要点は以上となります。実際には、この出目だけで決めつけるのではなく、aさんとのやりとりと命術での判断も加味しながら、迷った場合は他にも複数の占的を立てたうえで、上記の展開を一連の鑑定の終盤としましょう。

第5章
小アルカナを
使った実践鑑定

　この章では大アルカナと小アルカナを使い分けるケースを紹介します。

　よくある占いのブースなどでは10〜15分程度の手軽な占いが求められ、「自分の運勢が知りたい」「私の○○運はどうでしょうか?」といった、相談というよりちょっとした依頼も多いものです。

　特に相談事がないタイプの依頼者には、小アルカナ56枚のみで相談者の現状位置確認をして端的に質問に答え、大アルカナのみで切り札を引き、開運のポイントを伝えるという二段階ステップの占法が便利です。展開は6枚以内か一枚引きなど枚数を少なくくり出すのがコツです。

　相談から見ていきましょう。

bさん（男性、35歳、会社員）からの相談

新年を迎え、今年1年を見ていだだきたいです。特に健康運が気になります。

占的1「bさんの今年1年、特に健康運は?」

小アルカナ56枚のみで「5枚クロス展開法」で質問に答えます。

①現状
②過去（昨年）
③今後
④潜在的な問題
⑤達成できること

⑤達成できること

①bさんの現状　「ワンドの騎士」（逆位置）
②bさんの昨年　「ワンドの5」
③bさんの今後の流れ　「ソードの8」
④bさんの潜在的な問題　「ソードの2」
⑤bさんが達成できること　「ワンドの王」
　（逆位置）

②過去　　①現状　　③今後

④潜在的な問題

　展開の中にカップとコインが見当たらず、お金や家族関係などに大事ない
ものと思われます。一方で、ワンドとソードという武器のみという出目には、
一種の警告も見てとることができます。仕事一筋の殺伐とした年にならない
よう、心の通い合う人間関係や趣味や楽しみごとについても充実させていけ
るよう、ライフスタイルに変化をつけてもらいたいところです。年頭のおみ
くじにたとえれば、「小吉」程度の1年といったイメージです。
　さて、「②現状」に出ている「ソードの王」、「⑤達成できること」に出て
いる「ワンドの王」、2者の王の確執がテーマになる1年とも見受けられます。
どちらもbさんの側面であり、自身を克服することになるのか、身近な上司
や父親との問題がすでに発生している場合もあるでしょう。
　昨年から引きずっている「①過去」の「ワンドの5＝トリガー＋2＋2」
からはエネルギーを消耗した様子が伝わっており、今年はまだ回復に努める
ことが大切なのでしょう。
　「④潜在的な問題」に「ソードの2＝バランス」が出ています。精神面や
仕事のほうは安定し、1年を支える力となるようです。何事も冷静に判断を
下していけそうです。
　「③今後」の流れは「ソードの8＝4＋4」で、より社会に広く関わり、自
分とはまた別の考え方がある人たちと接したり、見知らぬ場所に足を踏み入
れる機会が増えるようです。健康面でも病院選びや治療法について、現状に
とどまらず広く情報収集し探していけるチャンスに変えられるところです。

占的2「bさんの健康をメインとする今年1年の開運ポイントは？」

　大アルカナ22枚のみで「トライアングル展開法」を用います。
　「切り札」は、自分の総力でもってことに当たれという「神の家」です。

　健康面に関しては、自身の殻にこもらずに、家から外に出る意識が求めら
れていると解釈できます。気になる症状があれば、家から通える医療機関に
とらわれず、広いエリアで探してみることなどがおすすめです。何かのつい

でではなく、bさんにとっての最重要案件として取り組んで、改革に踏み切ってみましょう。

　病院探しや医療方針についての見立てとしては、「5枚クロス展開法」の「ワンドの騎士」がbさん、その上に出ている「ワンドの王」がこれから出会う強い信念を持った医師の姿だと解釈もできます。bさんと相性がよく、しっかりサポートしてくれる存在を探していきましょう。

　以上となりますが、年運などは本来命術（7ページ参照）が担当する質問なので、上記を行う際には必ず命術併用でタロットをくり出してください。

小アルカナ　コード解析表

カップの数札	絵柄について	コード解析	暗号化
カップのACE 	1つの美しく装飾がほどこされたカップが絵札いっぱいに描かれている。 カードに描かれたなかで、一番大きいこのカップは強く、深く、美しい愛を注ぐことができる様子。	1 トリガー	強い愛の力 人の内面的な力、 心、感情のエネルギー

実践的な 解釈例	愛の誕生、家族や親密な関係者における大きな変化、出会い R　強すぎることが裏目に、愛情過多

あなたの 解釈例	

カップの数札	絵柄について	コード解析	暗号化
カップの2 	2つのカップが横一列に並び、それぞれに聖獣が描き添えられている。 ACEに次いで強い特殊な札だろう。	2 バランス	二者間の愛のゴールデン・バランス

実践的な 解釈例	プラトニックなパートナーシップ、交際の初期段階、敬愛 R　すれ違う愛、感情的な対立

あなたの 解釈例	

カップの数札	絵柄について	コード解析	暗号化
カップの3 	2つのカップに1つが加わり、3つのカップがトラインを形成。花が見られる。	3＝2＋1 バランス＋ トリガー	愛の発展、男女の結実、人間同士の理想の愛の形

実践的な 解釈例	デートやレジャー、グループ結成、妊娠・出産
	R　三角関係、交際におけるトラブル、第三者の介入

あなたの 解釈例	

カップの数札	絵柄について	コード解析	暗号化
カップの4 	4つのカップが2列に並びスクエアを形成。 花が咲き、一説によれば下方に種も見られる。	4＝2＋2 2倍のバランス	安定する愛、地に足のついた現実的な愛

実践的な 解釈例	現実的な交際、愛ある男女が家庭を築く、家族のきずな
	R　家庭不和、現実的なよくあるレベルの仲たがい、現実的過ぎて冷める

あなたの 解釈例	

カップの数札	絵柄について	コード解析	暗号化
カップの5 	4つのカップからなるスクエアの中央に1つのカップが加えられ総計5つのカップが見られる。 カップはすべて花茎の文様で分けへだてられている。咲いた花が多く見られる。	5＝4＋1 スクエア＋ トリガー	ぶつかり合う愛、感情的になる
実践的な 解釈例	感情的なトラブル、妥協しながら仲よくする、雨降って地固まる家族 R　別離、離婚		
あなたの 解釈例			
カップの6 	カップは3つずつ縦に2列となり、総計6つのカップでスクエアが形成される。 花の茎葉が引き締まり、花が咲き切ったかのように見える。	6＝3＋3 2倍のトライン	広範囲で調和する愛、予定調和
実践的な 解釈例	愛情問題の解決、まとまる男女の調和、結婚 R　協議離婚		
あなたの 解釈例			

カップの数札	絵柄について	コード解析	暗号化
カップの7 	6つのカップに1つのカップが加えられ総計7つのカップが見出せる。 中央のカップを頂点とする正三角形と逆三角形も見出せる。 花はなく、茎葉のみ。	7＝3＋3＋1 2倍のトライン＋トリガー	調和をゆるがす愛の力、求めすぎる愛、調和が裏目に

実践的な解釈例	割り切れない愛、2人の異性と同時進行する、愛欲のバトル R　腐れ縁

あなたの解釈例	

カップの数札	絵柄について	コード解析	暗号化
カップの8 	7つのカップの中央に1つのカップが加わり、総計8つのカップが見出せる。 花の開花も見られる。	8＝3＋3＋2 2倍のトライン＋バランス	より多くの人を巻き込む愛情問題、複雑で根深い愛情、問題の長期化・慢性化

実践的な解釈例	常態化する二重生活、代理母出産 R　後継ぎ・養子問題、妊娠・出産でもめる男女

あなたの解釈例	

カップの数札	絵柄について	コード解析	暗号化
カップの9 	8つのカップの中央に1つのカップが加わりカップは総計9つ。外側のスクエアの中に、三角形と逆三角形＝六芒星も見出せます。 開花も見られる。	9＝3＋3＋3 3倍のトライン	様々な要素によって実りを生み出すことができる、どうとでもなる余力がある段階。

実践的な解釈例	理屈やカタチではない愛と幸福感、援助交際、愛人契約 R　社会的なトラブル

あなたの解釈例	

カップの数札	絵柄について	コード解析	暗号化
カップの10	上部に1つのカップが横たわる形で描かれ、スクエアに並ぶ9つのカップに見えない力が注がれているかのように見える。 草花の模様がなくなり、これまでとは異なる次元の絵模様に。もはや神の領域なのか。	10＝3＋3＋3＋1 3倍のトライン＋トリガー	愛の奇跡が起こる

実践的な解釈例	愛によってすべてを乗り越える、隅々にまで行きわたる人の心、満たされる多くの人々、末広がり R　奇跡は起きない

あなたの解釈例	

コインの数札	絵柄について	コード解析	暗号化
コインのACE 	1枚の大きなコインと、その四隅に花がつぼみのように描かれている。 微妙に左右、上下対称ではない。	1＝トリガー	強い金銭の力 形あるもの、価値あるもの、物質的エネルギー

実践的な解釈例	景気に左右されない個人の力、莫大な利益、財力に恵まれる R　強すぎる経済力が裏目に、コントロール不能な経済の力

あなたの解釈例	

コインの2			
コインの2 	2つのコインが縦一列に並び、インフィニティをモティーフにしたかのような装飾的なラインでつなげられ、ラインの先端に花が見られる。 ACEに次いで強い札である様子。	2＝バランス	費用対効果のゴールデン・バランス

実践的な解釈例	活発な収支の波、取引中、激しい交渉 R　滞り、収支の波が不安定に、赤字

あなたの解釈例	

コインの数札	絵柄について	コード解析	暗号化
コインの3 	2つのコインに1つが加わり3つのコインがトラインを形成。花が見られる。	3 = 2 + 1 バランス+ トリガー	動き出す経済、一定の成長と成果、個人レベルでの利益と発展

実践的な解釈例	卸、小売、消費者のバランス、ビジネスの調和、取引や交渉がまとまる
	R　需要と供給の不調和、商談にまで至らない

あなたの解釈例	

コインの数札	絵柄について	コード解析	暗号化
コインの4 	4つのコインが2列に並びスクエアを形成。 花が咲き、一説によれば下方に種も見られる。	4 = 2 + 2 2倍のバランス	安定する経済、蓄積の成果

実践的な解釈例	発展させることより維持することが課題、個人の資産を貯め込む
	R　生かせていない貯蓄、出し惜しみ

あなたの解釈例	

コインの数札	絵柄について	コード解析	暗号化
コインの5 	4つのコインからなるスクエアの中央に、1つのコインが加えられ総計5つのコインが見られる。頂点のコインを共有する三角形と逆三角形にも見える。 花は上下2か所で咲いている。	5＝4＋1 スクエア＋トリガー	より利益を生み出そうとする動き、日々の経済闘争

実践的な解釈例	成長のための出費、キャリアアップし必要経費がかさむ、ライバル会社とのし烈な戦い、マイナス収支 R　赤字

あなたの解釈例	

コインの数札	絵柄について	コード解析	暗号化
コインの6	コインが上下に3つずつ並び、トライアングルと逆三角形その間にあるスクエアが見出せる。 花がひとつのみで、茎葉が目立つ。	6＝2＋4 バランス＋スクエア	平和な経済社会、現実的かつ優れた解決の仕方、求められがちな予定調和

実践的な解釈例	安定した収支、好景気が報じられる、勤め先の景気がよい R　手応えがない、可もなく不可もなし

あなたの解釈例	

コインの数札	絵柄について	コード解析	暗号化
コインの7 	4つのコインと3つのコインが形成するトライアングルとスクエアが見出せる。 花はなく、茎葉のみが見られる。	7＝4＋3 スクエア＋トライン	強い経済的欲求に根差した動き、理念でカバーする俗物的経営

実践的な解釈例	得をしようとする、夢に投資する、合併、買収 R　行き過ぎた営業、ハイリスク・ハイリターンを目指して失敗する

あなたの解釈例	

コインの数札	絵柄について	コード解析	暗号化
コインの8 	8つのコインが縦に4つずつ2列に並び、複数のスクエアが見出せる 花が上下2か所に咲いている。	8＝4＋4 ＝2＋2＋2＋2 4倍のバランス	長期的な安定、努力の積み重ねの成果

実践的な解釈例	長期的に横ばいの経済、社会保障や福祉の制度が改善され個人の問題が解決する R　一筋縄ではいかない経済問題、スピード感がない経済政策

あなたの解釈例	

コインの数札	絵柄について	コード解析	暗号化
コインの9 	8の中央に1つのコインが加わり、上下それぞれに4つのコインがスクエアを形成し総計9つのコインが見られる。 上下に大小の花が咲く。 中央のコインを頂点とする三角形と逆三角形を見出すこともできるが、それはやはりスクエアの中にある。	9＝4＋4＋1 2倍のスクエア＋トリガー	長く定着していた経済活動のあり方が変化する、時世に伴った経済の変化、新興ビジネス

実践的な解釈例	ピンチが独立・企業のチャンスに、経営陣の新旧交代、起死回生のチャンス R　バブル、社会恐慌、才能を生かしきれない、社会という壁

あなたの解釈例	

コインの数札	絵柄について	コード解析	暗号化
コインの10 	9にさらに1つのコインが加わり、中央に4つのコインからなるスクエア、上下それぞれに3つのコインからなる三角形と逆三角形という、総計10のコインが見られる。 三角形と逆三角形＝六芒星にもなる。 シンプルな花の文様が見られる。	10＝4＋3＋3 スクエア＋2倍のトライン	景気のピーク、組織や国レベルでの成果と安定

実践的な解釈例	賛否はあるが調和している経済、株価上昇、バブル経済、隅々に行きわたる経済の成果 R　ピークの後、次の波に備える時

あなたの解釈例	

ソードの数札	絵柄について	コード解析	暗号化
ソードのAce 	神の右手により突き出された巨大な1本のソードは、王冠と、ほとばしるエネギーとともに描かれ、勝利のシンボルである月桂樹とオークが添えられている。	1 トリガー	強い人知の力

実践的な解釈例	人生の計画に吉、最大の仕事力を発揮、創意工夫 R　破壊、断絶

あなたの解釈例	

ソードの2	2本のソードがサークルをなし、中央に花が咲く。カップ、コインほどには飾られていない。 ソードの持ち手の4点を角とするスクエアの中にサークルが見られる。文様のような花も見られる。	2 バランス	相反する力が作用しあいバランスが取れた段階。

実践的な解釈例	緊張し張り詰めた商談、相手の出方を見るため一時停戦する R　ストレスや不安に負ける

あなたの解釈例	

ソードの数札	絵柄について	コード解析	暗号化
ソードの3 	2本のソードがサークルをなし、中央に青いソードが加わり3本に。 ソードの持ち手の4点を角とするスクエアの中にサークルが見られ、サークルは2つの半円からなる。	3＝2＋1 バランス＋ トリガー	新たなものが発生、もしくは分断することで変化する

実践的な 解釈例	分割、清算、割り切る R　分け方に問題、論争、人が傷つく方法

あなたの 解釈例	

ソードの数札	絵柄について	コード解析	暗号化
ソードの4 	4本のソードがサークルをなし、中央に開花が見られる。 スクエアの中にサークルが見られ、その中で花が咲く構図。	4＝スクエア 2＋2 2倍のバランス	安定感があるバランス、そこに実りがある

実践的な 解釈例	安定した職場環境、長時間かけて進路を定める、休んで英気を養う R　考えが浅いまま時間だけが経過、かたくなな精神性

あなたの 解釈例	

ソードの数札	絵柄について	コード解析	暗号化
ソードの5 	4本のソードがサークルをなし、中央にソードが1本加わり5本に。 スクエアの中にサークルが見られ、サークルは2つの半円からなる。	5＝2＋2＋1 2倍のバランス＋トリガー	安定を揺るがす動乱大きな分断、流血を見るかのような出来事

実践的な解釈例	リストラ、切り捨て、痛みをともなう解決策、血を流す解決法 R　傷つけ合うばかりで解決しない、やられたらやり返すのくり返し、ヘイトスピーチ

あなたの解釈例	

ソードの数札	絵柄について	コード解析	暗号化
ソードの6 	6本のソードがサークルをなし、中央に開花が見られる。 スクエアの中にサークルが見られ、その中で花が咲く構図。	6＝3＋3 2倍のトライン	理知の力による調和的解決、一定の解決、実りある決定

実践的な解釈例	契約の交渉、駆け引きで折り合う、物事が一定のラインで解決する、整然とした職場 R　心ないせめぎ合い、思想の違いから折り合えない

あなたの解釈例	

ソードの数札	絵柄について	コード解析	暗号化
ソードの7 	6本のソードがサークルをなし、中央にソードが1本加わり7本に。 スクエアの中にサークルが見られ、サークルは2つの半円からなる。	7＝3＋3＋1 2倍のトライン＋トリガー	調和を引き裂く大きな分断
実践的な解釈例	奇抜な新規ビジネス、新しいムーブメント、マイノリティが主流に R　一筋縄ではいかないトラブル、手が込んでいるクレーマー		
あなたの解釈例			
ソードの8 	8本のソードがサークルをなし、楕円形にも見える。中央にひとつ小さな花が咲く。	8＝4＋4 2倍のスクエア	決して相容れない2つの思想が、どちらも有意義に存在している。
実践的な解釈例	現状維持、旧態依然とした職場や学校、派閥争い、引き分け R　慢性化、組織が2つに分かれている		
あなたの解釈例			

ソードの数札	絵柄について	コード解析	暗号化
ソードの9 	8本のソードがサークルをなし、中央にソードが1本が加わり、総計9本に。2つの半円が見出せる。 スクエアの中にサークルが見られ、サークルは2つの半円からなる。 ソードが8本のソードに絡みひとつに束ねているように⊕見える。	9 = 4 + 4 + 1 2倍のスクエア +トリガー	定着している思想を動かす変化

実践的な解釈例	ご破算にする、経営陣の入れ替え、自虐的なまでに考え方を変える、パラダイムシフト R　クーデター、社内の乱、世代交代、下克上

あなたの解釈例	

ソードの10			
ソードの10 	8本のソードがサークルをなし、中央にソードが2本が加わり交差し、総計10本に。 サークルの中にかろうじてトライアングルが形成されようとしているイメージ⊕見出せる。	10 = 4 + 4 + 2 2倍のスクエア +バランス	思考を次のステージへ移行させる時、その余力がある段階

実践的な解釈例	大胆な進路変更、統合・合併、計画倒産、様々なケースにおける「身を切る」改革 R　万策尽きる、精神力の問題、根深いトラウマ、人種問題

あなたの解釈例	

小アルカナ　コード解析表

ワンドの数札	絵柄について	コード解析	暗号化
ワンドのAce 	ソードとは異なる向きから描かれた神の右手は1本の大木を持ち、エネルギーを発散させている様子。青々としたこん棒は自然の力をかいま見るもの。	1 トリガー	強いアクション、ひとりの力＋ひとつの方向性が強調される

実践的な解釈例	人生の主導権を持つ、まず生き残る、フィジカルなエネルギーを使う、マックスの力 R　体力低下、暴走、自爆

あなたの解釈例	

ワンドの2	絵柄について	コード解析	暗号化
ワンドの2 	2本のワンドが交差し、上下2か所で花が咲く。 ワンドの柄の4点を結ぶスクエアの中にトラインを見出すこともでき、この構図が一貫して続いていく。	2 バランス	バランスが取れた力と力、2つの生命力のゴールデン・バランス、健全な社会活動

実践的な解釈例	連携、連帯、活気あるパートナーシップ R　主導権争い、圧力をかけるかかけられるか、連帯責任

あなたの解釈例	

ワンドの数札	絵柄について	コード解析	暗号化
ワンドの3 	交差している2本に、1本のワンドが加わり3本になり、中央で束ねられる。 ワンドの柄の4点を結ぶスクエアの中に小さなトラインを見出すこともできる。	3 = 2 + 1 バランス＋ トリガー	適切な力配分、現状を維持しながら活発になる、三脚の原理、燃費がよい社会活動

実践的な解釈例	大きく一歩踏み出す、組織やグループ行動一般、調和しながらも妥協しない R　ブレる役割分担、人任せ

あなたの解釈例	

ワンドの数札	絵柄について	コード解析	暗号化
ワンドの4	交差する4本のワンド。その上下2か所で咲いた切り花が見られる。 スクエアの中に三角形と逆三角形のトラインを見出せる。	4 = 2 + 2 2倍のバランス	活気と安定感があるバランス、そこに実りがある

実践的な解釈例	力を温存する、周囲と足並みをそろえる、自衛、同盟 R　惰性、手抜き、こじれる同盟

あなたの解釈例	

ワンドの数札	絵柄について	コード解析	暗号化
ワンドの5 	2本ずつ束となり交差する4本に1本が加わり、ワンドは総計5本に。 スクエアの中に小さな三角形と逆三角形のトラインが見いだせる。	5 = 2 + 2 + 1 2倍のバランス＋トリガー	安定を揺るがす動乱が発生、生きるための戦いの時

実践的な解釈例	戦火に突入、体当たりでぶつかって解決、病苦との戦い R　損傷を受ける、疲労困憊

あなたの解釈例	

ワンドの数札	絵柄について	コード解析	暗号化
ワンドの6 	3本ずつ束になり交差する6本のワンド。 交差部分の幅が広がり、その上下2か所で大きな花が咲く。 スクエアの中に三角形と逆三角形のトラインも見いだせる。	6 = 3 + 3 2倍のトライン	行動により調和がもたらされる、紛争の解決、実りある統治

実践的な解釈例	まとめ役になる、リーダーとして活躍、強い指導力、熱く盛んな活動で社会貢献 R　緩慢な行動、賛否ある戦いの終わり方、惰性で指導する

あなたの解釈例	

ワンドの数札	絵柄について	コード解析	暗号化
ワンドの7 	3本ずつ束になり交差する6本のワンドに、1本が加わりワンドは総計7本に。 スクエアの中に小さな三角形と逆三角形のトラインが見いだせる。	$7 = 3 + 3 + 1$ 2倍のトライン＋トリガー	調和を維持するための闘い、反勢力との攻防

実践的な解釈例	防衛線、グループ同士の争い、周囲を巻き込むけんか R　小競り合いに労力を費やし疲労困憊

あなたの解釈例

ワンドの数札	絵柄について	コード解析	暗号化
ワンドの8 	4本ずつ束になり交差する8本のワンド。交差部分の幅が広がり安定感が得られる。上下2か所で花が咲く。 大きな開花が2か所に見られ、ひとつは種を残そうとしているかのように見える。	$8 = 4 + 4$ 2倍のスクエア	問題に根気よくとりくむことで花実を咲かせる、慢性的な身体の問題との戦い

実践的な解釈例	より多くの人々の結束、地域・社会の団結、健康や安全に関わる取り組み、見守り活動 R　閉鎖的、ご近所トラブル

あなたの解釈例

ワンドの数札	絵柄について	コード解析	暗号化
ワンドの9 	4本ずつ交差する8本のワンドの中央に1本加わり総計9本に。 草花の模様が消滅し、生気がない。カップでは10で起こることが、9の段階で起こるということは、ここがワンドの最終段階なのかもしれない。	9＝4＋4＋1 2倍のスクエア＋トリガー	誰の意志にもよらない変化が自然発生する

実践的な解釈例	大きな社会問題への取り組み、身を投げ打つ挑戦、世代交代 R　大きな負傷、拘束、拘留

あなたの解釈例	

ワンドの数札	絵柄について	コード解析	暗号化
ワンドの10 	4本ずつ交差する8本のワンドの中央に2本が加わり総計10本になり、すべて中央で結びついている様子。 草花の模様が再び現れる。ここから大アルカナへと通じていく可能性がある。	10＝4＋4＋2 2倍のスクエア＋バランス	充満する力、最強の結束力、ダイナミックな展開、別次元に移行する最終段階

実践的な解釈例	新たな生命が誕生する際の重圧、生みの苦しみ、グローバルに活動する R　重圧との戦いに敗れる、それぞれの力で立ち上がるしかない

あなたの解釈例	

おわりに

マルセイユ・タロットの「トリセツ」、いかがしたでしょうか？　解釈とは人それぞれによるもので、１枚のアルカナは奥行きと幅を持つものです。マルセイユ・タロットについてはまだまだ事実確認・検証・研究が求められるところが多くありますが、本書を少しでもみなさまのお役に立てていただければという一心です。解釈であれ、伝統であれ、これからをになう若いタロット愛好家たちの刺激になるものであればと願ってやみません。

　古いメイカーたちがタロットの図像に託したもの、私たちの中にある太陽と月の神秘について、様々な愛の形と強く生き抜く術について、引き続き広く世に伝えながら、この示唆に富んだユーモラスな絵札で、みなさんといっしょに人生のパズルの謎解きが続けられれば本望です。

　最後になりますが、本書執筆の機会を与えてくださり、根気よく伴走して下さいました国書刊行会様、支えてくださいましたすべての皆様に、深く御礼申し上げます。心より、ありがとうございました。

［著者紹介］

井上教子（いのうえきょうこ）

占術家、講師、執筆家。

著書に『タロット解釈実践事典』『タロット象徴事典』
（国書刊行会）、『タロットの歴史』（山川出版社）など。
日本タロット占術振興会、日本易道学校でタロットと
西洋占星術を指導中。

ホームページnahdia.net

造本・装幀　長田年伸

マルセイユ・タロット教室
タロット・マスターをめざして

2022年1月20日　初版第1刷　発行

著者　井上教子

発行者　佐藤今朝夫

発行所　株式会社国書刊行会
〒174-0056　東京都板橋区志村1-13-15
電話　03-5970-7421　ファックス　03-5970-7427
https://www.kokusho.co.jp

印刷　創栄図書印刷株式会社

製本　株式会社村上製本所

乱丁本・落丁本はお取り替えいたします。
ISBN　978-4-336-07261-0

タロット解釈実践事典
大宇宙の神秘と小宇宙の密儀

井上教子 著

ウェイト版タロットカードを使ってカードや
スプレッドの解釈を行えるように導く本格実践事典。

定価4,620円（10%税込）

タロット象徴事典

井上教子 著

さまざまなタロットデッキの絵札をたどりながら、
絵札に見られる象徴を通じてカードをより深く理解し、
さらなる解釈を引き出すための書。

定価4,950円（10%税込）

タロットの宇宙

アレハンドロ・ホドロフスキー／マリアンヌ・コスタ 著

伊泉龍一 監修　**黒岩卓** 訳　**滝本誠** 解説

カルト映画界の鬼才アレハンドロ・ホドロフスキーによる、
半世紀にわたるタロット研究の集大成。

定価7,480円（10%税込）

（2022年1月）